# 暮らしの図鑑 うつわ

楽しむ工夫
×
注目作家55人
×
基礎知識

ガラス　磁器　陶器　木工　漆

私らしい、
モノ・コトの
見つけ方。

SE
SHOEISHA

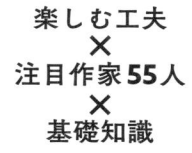

# はじめに

私たちの暮らしを形作る、さまざまなモノやコト。自分で選んだものは、日々をより豊かにしてくれます。

「暮らしの図鑑」シリーズは、本当にいいものを取り入れ、自分らしい暮らしを送りたい人に向けた本です。使い方のアイデアや、選ぶことが楽しくなる基礎知識をグラフィカルにまとめました。

お仕着せではない、私らしいモノ・コトの見つけ方のヒントが詰まった一冊です。

この本のテーマは「うつわ」。毎日の食事を、楽しく豊かにしてくれる存在です。作家の手によるうつわを中心に、その魅力や楽しみについて紹介します。

## もくじ


はじめに 2

**1 うつわをもっと楽しむ暮らし**

選 うつわを選ぶ 14

盛 うつわに盛り付ける 30

住 住まいの中のうつわ 44

贈 うつわを贈る 54

季 季節を取り入れる心 62

集 揃えて集める楽しみ 74

旅 うつわを探す旅 86

# 2 ギャラリーが今、おすすめする注目作家55人

## その一


岳中爽果 102
高坂千春 104
久保田健司 106
やのさちこ 108
落合芝地 109
奥絢子 110
山本領作 112
高須健太郎 114
松塚裕子 116
伊藤丈浩 118
寺村光輔 119
阿部慎太朗 120
武曽健一 122
土本訓寛・久美子 124
冨本大輔 126
池本惣一 127
小林裕之・希 128
坂田裕昭 129
渡邊葵 130
矢萩誉大 132
コウノストモヤ 134
村上修一 136
廣川温 138
山下秀樹 140
横田翔太郎 141
宮田竜司 142
矢口桂司 143
池田大介 144


## その二


中町いずみ 174
松本郁美 176
藤崎均 178
矢島操 180
余宮隆 182
伊藤聡信 184
杉本太郎 186
日高直子 187
安齋新・厚子 188
崔在皓 189
山田隆太郎 190
岸野寛 191
吉岡将弐 192
岩舘隆・巧 193
富山孝一 194
中山孝志 195
阿部春弥 196
稲村真耶 198
岡田直人 200
増渕篤宥 202
西山芳浩 204
生島明水 205
宮岡麻衣子 206
古賀雄二郎 207
Kazu Oba 208
清水なお子 209
古川桜 210

## 3 うつわ選びが楽しくなる基礎知識

その一
うつわの大きさ 146
部位の呼び方 147
うつわの形と名前 148
うつわの素材 156
釉薬とは 161
景色とは 163
絵付とは 164
さまざまな技法 166
文様の種類 170

その二
日本のうつわの歴史 212
うつわ豆知識アレコレ 218

● ご協力いただいたギャラリー 224
● お取扱店インデックス 227
● お問い合わせ 231

SWEETS

# 1

# うつわを もっと 楽しむ暮らし

私たちの日々の暮らしとともにある「うつわ」。

「必要だから使う実用品」ではあるけれど、お気に入りを探したり、料理や季節に合わせて組み合わせを楽しんだりと、生活に豊かさを届けてくれる存在でもあります。

うつわの好みやライフスタイルは人それぞれ。あなたらしい「うつわのある暮らし」を見つけるためのコツを、ギャラリストのみなさんに伺いました。

監修・撮影：P014〜P053
「うつわ　ももふく」
店主 田辺玲子さん

監修・撮影：P062〜P099
「コハルアン」
店主 はるやまひろたかさん

監修：P054〜P061
「暮らしのうつわ　花田」
店主 松井英輔さん

選

# うつわを選ぶ

うつわ選びにルールはありません。まずは心惹かれるものを手にとってみましょう。使ってみたい、という気持ちが大切です。フリーカップでもお皿でもよいので、気に入ったうつわをひとつ持ち帰ったら、お茶を注いだり、おかずを盛ってみましょう。

選

# どんなうつわを持っていますか？

あなたはどんなうつわをお持ちですか？新しいものを探す前に、まずは自宅の食器棚を眺めてみてください。よく使ううつわが、あなたのライフスタイルに合ったもの。和食好きなら4〜6寸・のお皿や鉢、洋食好きなら7〜8寸ぐらいの平たいお皿が多いかもしれません。自分のスタイルを理解したうえで新しいものを探すと、「買ったけどあまり使わない」を減らせます。

飯碗、マグ、お箸などは、みんなで使うお皿とは違い、パーソナルなもの。好みを反映しやすいので手始めに揃えるとよいでしょう。その後、家族みんなで使うお皿や脇役を固めるとテイストを揃えながら集められます。

またうつわ探しでよくあるのが、「お店で見たときと色が違う」というギャップ。これはお店と自宅では光源の色が異なるためにおきます。自宅の食卓に近い環境で選ぶとよいですね。なお、うつわ本来の色味は自然光の下で確認しましょう。

1寸＝直径×約3cm。P146参照

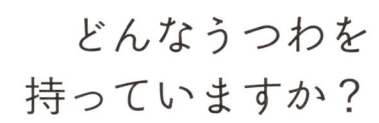

選

**和皿** ［日本］［東南アジア］

・深さのある鉢がメイン
・うつわを手に持つ文化
・取り分けて配ぜん

# 和食のうつわ、洋食のうつわ

和食と洋食が混在している日本では、テーブルに和洋のうつわがのっていることがほとんどです。それぞれの食文化によって、うつわが作られてきた背景を知っておくと、うつわを選ぶときの手がかりになりそうです。

まずは、和食。おかずの定番といえば、肉じゃがなどの煮物。汁気があるので、少し深さのある鉢に盛ることが多いのではないでしょうか。大皿に盛って取り分けるスタイルも、和食や東南アジアの食卓ならでは。また、うつわを手に持つことも大きな特徴で、持ちやすい形や重さもうつわ選びの大切なポイントです。

## 洋皿 ［西洋］［韓国］［中国］

・平たい皿がメイン
・テーブルに置く文化
・個別に配ぜん

一方、ステーキやコロッケといった洋食はどうでしょう。ソースは仕上げにかけることが多いので、深さは必要なく、おかずの大きさをカバーできる広さが必要になります。スープもうつわに直接口を付けずスプーンですくうため、深さよりも広さが必要です。

うつわを手に持つことがないので、ある程度の重さがあることも特徴的。また、個々にお皿を配ぜんするため、人数分の枚数でデザインを揃えるのが一般的です。

このような背景を知ると、「うちは取り分ける和食スタイルだから鉢が多いんだな」「あまり持っていない洋皿を買ってみよう」などと、探すアイテムが見えてきそうです。

# 食器棚にない大きさや形にチャレンジする

いつも同じようなものを選びがち…という人は、意識して持っていない大きさのうつわを選んでみましょう。うつわの大きさの目安は、豆皿・醤油皿が3寸(直径約9cm)、取り皿が4〜6寸(直径約12〜18cm)、メインのお皿は6〜7寸(直径約18〜21cm)。うつわの大きさが違えば盛り付け方も変わるので、いつもの食卓に変化が生まれます。

大きさだけでなく、持っていない形を選んでみるのもよいですね。正円ではない角皿や楕円型のお皿を1枚取り入れると、メリハリが出ます。魚など横に長い料理を盛るときにも、余白ができて美しく盛り付けられます。

個性的な形の豆皿は、食卓のアクセントになります。ひょうたんや扇をモチーフにした豆皿は、柚子胡椒を入れて鍋料理のおともにしたり、塩を盛って天ぷらに添えたり。絵柄のあるものなら、モチーフで季節感を演出することもできます。

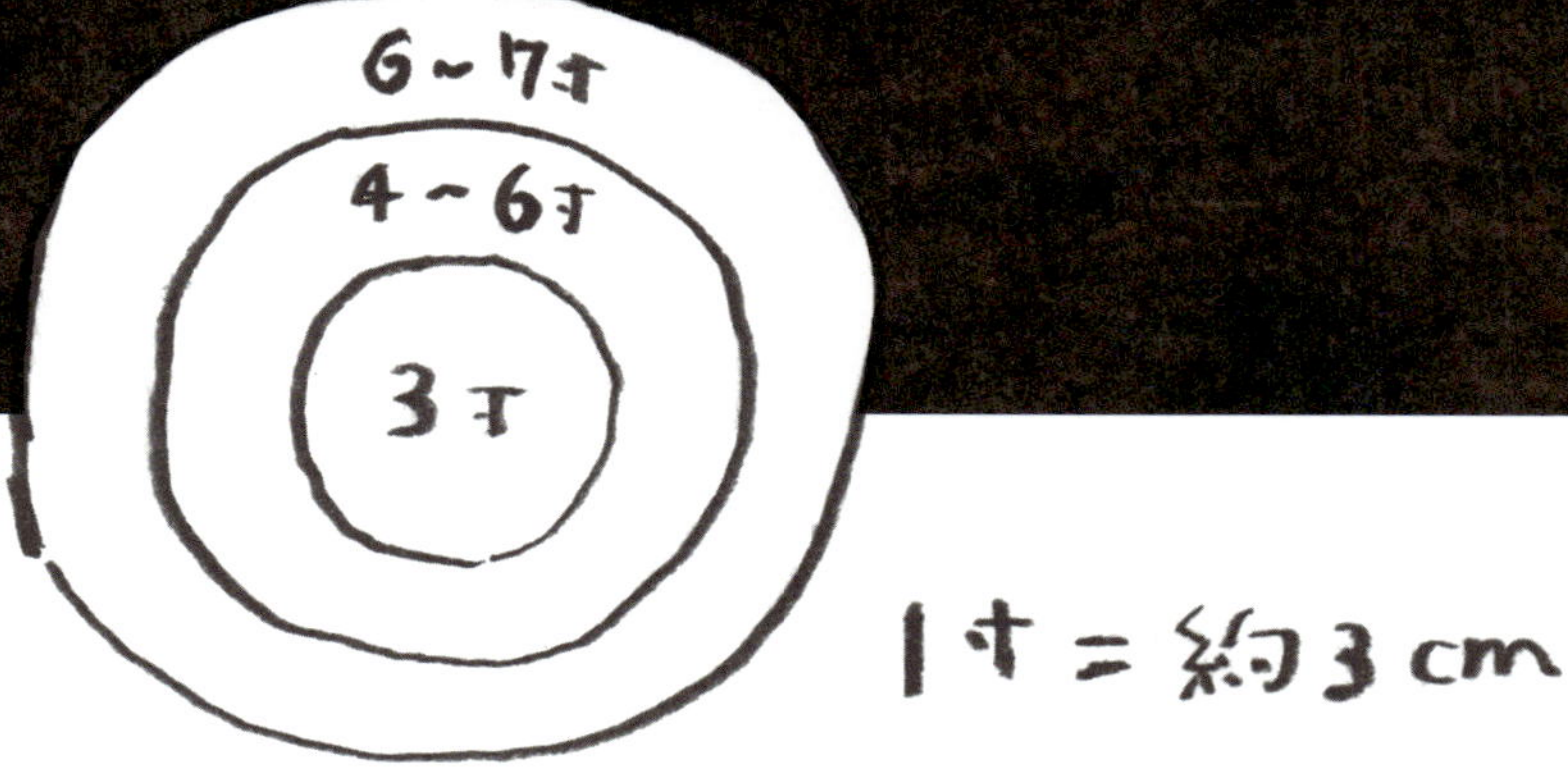
6~7寸
4~6寸
3寸
1寸＝約3cm

# うつわの形を活かす

うつわは単品で使うことは少なく、食卓に複数置いて使うことがほとんどです。ここからは、うつわ同士の組み合わせについて考えてみましょう。

花の形を模したうつわを「輪花（りんか）」と呼びます。一客加えると、いつもの食卓がパッと華やかに。小さな輪花にお漬け物を盛るだけでも、表情があり楽し気になります。ただし、食卓にいくつも輪花を並べるのは、少しうるさく感じられるかもしれません。うつわの形を活かすためには、「献立の中に1、2個ぐらい」が目安。輪花以外でも、個性的な形のうつわは、ベーシックなものの中に1、2点置くことで、その形が際立ちます。

輪花と一口にいっても、作られた素材で印象はがらりと変わります。ガラスで軽やかに、磁器で端正に、金属の鋳物で渋く、土ものでほっこりと。花弁の数によっても、印象が変わります。お気に入りを見つけて楽しみましょう。

# 染付《そめつけ》や色絵《いろえ》を取り入れる

「焼き物」という響きからは、土でできた無地のうつわを連想する方も多いかもしれません。でもそれ以外にも、もっとたくさんの種類があるのです。

うつわを「食べ物の洋服」にたとえるなら、無地は着回しのきくベーシックなアイテム。ときに、総柄のスカートや花の刺繍のブラウスをファッションに取り入れるように、食卓にも彩ゆたかな染付や色絵を取り入れてみましょう。

染付は、青色の顔料で下絵を描き、上から透明な釉薬（ゆうやく）を塗って仕上げるもの。色絵は、白地に赤・黄・緑・紫などさまざまな顔料で描いたものです。カラフルなので、おかずの色味が寂しいときも、背景の力で彩を加えることができます。

絵は、うつわの全面に描かれていることもあれば、部分的に描かれていることもあります。背景の絵が活きるよう、少し余白を持たせながら盛り付けましょう。

染付＝P164　色絵＝P165　釉薬＝P161

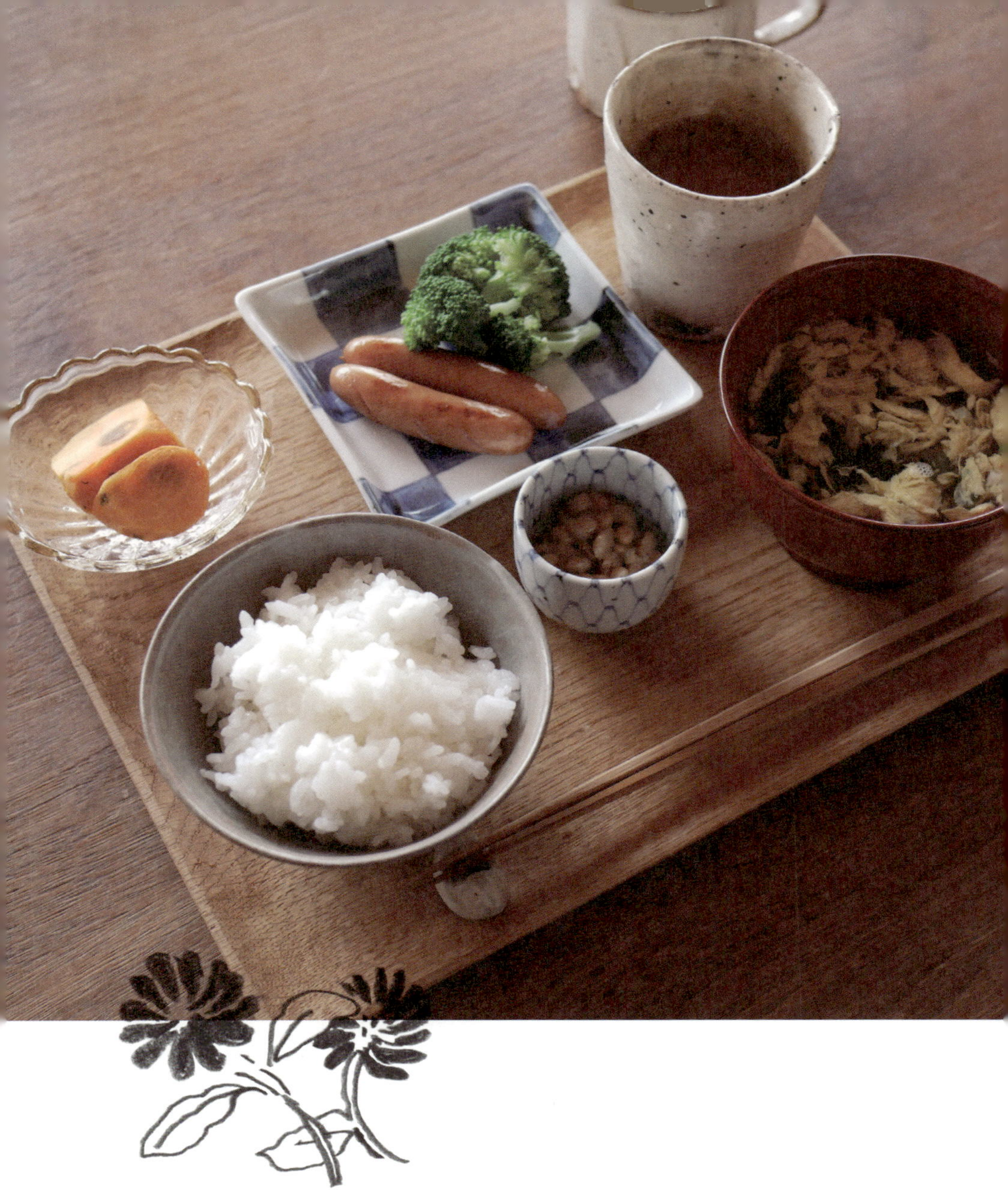

# 異なる素材の組み合わせを楽しむ

形や色の次に、材質を意識してみましょう。うつわ選びは、洋服選びに近いもの。洋服に麻やコットン、シルクにウールといった素材があるように、うつわにも磁器・陶器・ガラス・木・漆といった素材があり、それぞれが持つ雰囲気も、扱い方も違います。

陶器や磁器をベースに、ガラスや木など異なる素材を取り入れると、食卓にメリハリや季節感が生まれます。まずは、料理がうつわに似合っているかどうかを考え、次に、うつわ同士の色合いや材質、形の取り合わせも意識してみましょう。

多くの人が持っているトレンドのアイテムを身に付けていても、アクセサリーを加えたり、レイヤードにして、自分らしく着こなすことができます。

洋服もうつわも、組み合わせをいかに楽しむかというところに、その人のセンスやオリジナリティが生まれるのではないでしょうか。

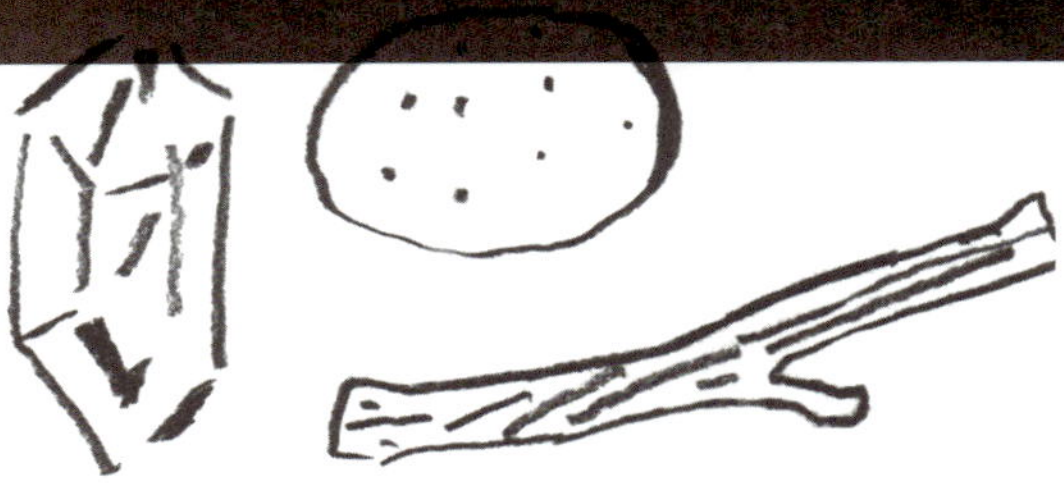

選

# フリーカップを楽しむ

うつわ好きなら、お茶の時間の相棒選びも楽しみたいですね。紅茶を飲むときはティーカップ、ゲスト用には湯呑を客数揃え…というのが昭和のセオリーでした。でも現代では、日本茶も紅茶もマグカップで飲み、「湯呑は特に揃えていない」というご家庭も増えています。

そんな現代に活躍するのが、どんな飲み物にも合う「フリーカップ」。紅茶、コーヒー、ミルク、スープ、何を注いでもさまになります。背の高いトールタイプにはお酒、蕎麦猪口サイズには、スイーツ、ヨーグルトも似合いそう。

制作している作家さんも多いので、日々使ううつわに加えて形や技法、色の違うタイプを集めてみると、食卓にバリエーションが生まれます。持ち手がないからこそ、用途を限定せず、ときには小鉢にもなる万能アイテムです。

SWEETS
COFFEE
TEA

# 盛

## うつわに盛り付ける

筑前煮をあえて同系色の焼き締めに盛ってシックに。唐揚げを、色絵の磁器にのせて華やかに。ポテトサラダは輪花にのせて。毎週登場しそうなおかずたちも、うつわを着替えればがらりと印象が変わります。

今日はあまり料理をする気になれないな…というときも、まずはうつわを並べてみることで、献立が浮かぶことも。料理がよりおいしそうに見える盛り付けのコツをお伝えします。

盛

# 基本は「適量を、山高に」

着付けにコツがあるように、盛り付けにもいくつかのポイントがあります。

まず覚えておきたいのは、「余白を残す」こと。うつわに対して、料理を3分の2ぐらいに盛るのが美しさの目安。食べたい量＋余白＝選ぶうつわの大きさです。

和食の盛り付けの場合、のっぺりとした印象を避けたいもの。たとえば、お浸しを鉢に盛るときは、山高に。三角形を意識して、高く盛るのが基本です。お刺身を平らなお皿に盛る場合も、ベタっとさせずに、大根やワカメなどのツマを添えて、高低差を付けるようにしましょう。手前を低く、奥を高く。奥行きを意識すると、納まりがよくなります。

このルールは、ワンプレートに食事をまとめて盛るときも応用できます。お子様ランチのようにチキンライスをお椀でこんもりと盛ったり、おにぎりを中央にきゅっと寄せると、高低差が生まれてメリハリが出ます。

高さを出して
山のように盛る

盛

# 魚は手前、肉は奥に付け合わせを

おいしそうに焼けたお魚。さて、どっちに向けて置くんだっけ…？いざ盛り付けようとすると、迷うことはないでしょうか？「和食のルール」というと堅苦しく聞こえますが、縁起を気にする人もいるので、人を招くときなどに知っているとよいかもしれません。

魚のお頭付きは、頭を左側に向けましょう。切り身の場合は、皮目を上に。大根おろしなどの付け合わせは、魚の手前右下に置きます。大葉をあしらい、彩よく仕上げましょう。

一方、コロッケなどの洋食では、メインディッシュを手前、キャベツなどの付け合わせは後ろに盛ります。今回は、使う分だけのソースを豆皿で別添えにしてみました。食卓のアクセントになりますし、ソースのかけかすぎ対策にもひと役かってくれます。

こうして並べてみると、和洋の盛り付けの違いに気が付きますね。

魚
Fish

洋食
Meat

盛

## 木目を意識する

ひとり分の献立をランチョンマットやトレーに並べると、まとまりが生まれます。布ではなく木のトレーやお盆を使うときに少し気を付けたいのが「木目の向き」です。木目の流れは食べる人から見て横向きにするのがルール。木製のものなら、面積の小さなコースターやトレー、お椀なども同様です。

「方向が定まらないと縁起が悪い」、「落ち着きが悪い」ということもありますが、木材は木目に沿って割れる性質があるというのが一番の理由。たとえば、熱い汁ものを木の盆で運ぶとき、横向きの木目の左右を持てば、割れにくく安全です。

一見堅苦しく感じるルールですが、実用面に由来している場合が多いのです。

盛

SUMMER

# 衣替えをするように

冬には厚手のセーターを、夏は涼し気な麻を身にまとうように、季節によって、選ぶうつわも変わります。

左の写真は、冬のある日。上は夏のある日の食卓です。冬は、厚手でぽってりとしたフォルムのうつわに具沢山のみそ汁。あたたかみのある質感の土ものにはごはんを。夏は、薄手で軽やかなガラス器に旬のフルーツを。涼し気なブルーの染付の鉢にどんぶり飯を盛って。まるで衣替えをするように、うつわの色や材質を選んでみると、食卓に趣が生まれます。

たとえば、青菜のお浸しを、ガラス・磁器・焼き締め、3つのうつわに盛ってみましょう(P26参照)。素材や色によって、同じおかずでも印象ががらりと変わるのがわかります。

「いつもこの料理には、このうつわ」という我が家の定番も思い出深いものですが、季節によってうつわを変えてみるのも楽しいものですね。

# WINTER

盛

# あえて和洋にとらわれず自由に

これまで盛り付けのベーシックなルールを学んできましたが、自分だけのおやつタイムや朝食でそれらに捉われることはありません。あえて和と洋のうつわを組み合わせるのも楽しいものです。

たとえば、コーヒーを蕎麦猪口に、オーソドックスな洋菓子・シュトーレンを、風合いのある和皿にのせて。民藝調の馬の目皿や三島、染付に焼き菓子をのせてみても、コントラストが映えて素敵です。

たまには、スープを和の5寸鉢や深さのあるフリーカップに注いでみるのも新鮮。華やかな色の具材のサンドイッチは、粉引のシンプルなお皿にのせて。トーストなら、有田焼のクラシカルな絵皿にのせてみるのも渋いですね。洋と和の組み合わせは、どこか大正モダンを思わせます。

馬の目皿＝部分的に渦巻きを描いた瀬戸の生活雑器
三島＝P169　粉引＝P166
有田焼＝佐賀県で生まれた日本初の磁器

盛

# 使ってこそのうつわ

うつわは美術・工芸品としての側面もあるもの。そのため、「高価なものは普段使いにはもったいない」という考え方もありますね。でも、うつわは「ワレモノ」とも呼ばれます。丁寧に扱い長く使えたら素敵なことですが、消耗品としての側面もあるのです。

忙しい日常の中でも、お気に入りのうつわは暮らしに豊かさを与えてくれます。ライフスタイルに合わせて、できる範囲で大切に扱うのはいかがでしょうか。割れるのが心配なら丈夫な素材を、食洗器や電子レンジを使いたいときは対応した素材を選ぶのもひとつの方法。また、漆器は樹木と同じように、乾燥が苦手。工芸としての美しさを兼ね備えていますが、しまいこまずに日々使うことこそ、長持ちの秘訣につながります。

うつわは、眺めているよりも使ってみてこそわかることも多く、愛着もわいてくるのです。

# 住

## 住まいの中のうつわ

お気に入りの作家のうつわ。食器はたくさん持っているけど、もっとうつわを暮らしに取り入れたい…。

そんなときは、花器や鉢植、カトラリー立てなどの台所まわり、アクセサリートレーなど、インテリアの中に焼き物を取り入れてみてはいかがでしょうか？また、割れたうつわを修復する金継ぎなど、うつわともっと仲良く暮らす方法をお伝えします。

住

# 私の「ギャラリースペース」を作る

ギャラリーのようにうつわを並べることができたら…と思いつつも、自宅に戻ると「スペースがないな」と思うことはありませんか?理想の広さには満たなくても、出窓の奥行や玄関脇、棚や箪笥の上を、飾るためのスペースに見立てることならできそうです。「ここは私のギャラリースペース」と決めて、季節や気分でアイテムを入れ替えてみましょう。

並べるときに、ついついたくさん置きたくなりますが、雑然とする原因に。いったん空間の物をゼロにしてから、余白を意識しながら少な目にうつわを置くと、美しいスペースになります。

似たような形のうつわなら等間隔に。まったく違う形のものなら少し離して置き、リズム感を付けて。中央にまとめず、アシンメトリー(左右非対称)にすると、こなれた雰囲気になります。また、カラフルな絵皿などは、皿立てを使うと、ギャラリーらしさを演出できそうです。

# 住

## 花器と花の組み合わせを楽しむ

暮らしに彩を与えてくれる季節の花。さまざまな花と花器との組み合わせを考えるのも楽しいものです。

ゴージャスな花束や本格的な華道もよいですが、シロツメクサや小菊など、庭先や野に咲くささやかな花を気軽に飾ってみるのも素敵。一輪挿しや小さな花瓶に、気負わずそっと活けてみてください。

花器を選ぶときには、口の大きさがポイント。花の茎や束に対して口が広すぎると、バランスが悪く見え、花がばらけてしまいます。うまく活けられないときは、口のすぼまったうつわを選ぶとバランスがとりやすくなります。

コツがつかめてきたら、あえて広口に小さな花をのぞかせてみたり、這うようにのびる蔓性のグリーンを徳利に活けてみたり。いろいろな活け方を試してみましょう。

住

# うつわをインテリアに取り入れる

うつわは食卓を彩るものですが、暮らしの中で、もっと自由な使い方をしてみるのはいかがでしょうか。

たとえば、花を活けるときも花器として売られているものだけでなく、片口や徳利、ピッチャーやグラス、ボウルなどを花器に見立ててみたり。うつわの内部に花止めやワイヤーを入れると、口の大きなうつわでも、納まりよく活けることができます。ただし、植物は意外に雑菌が繁殖しやすいので、いちど花器にしたものは、食卓に上げないのがベターです。

キッチンでは、ピッチャーにカトラリーを無造作に刺すだけでもさまになります。蓋付きの壺で、梅干しや塩を保存するのも風情がありますね。

玄関まわりなら、大振りの壺を傘立てにしたり、玄関脇にお気に入りの小皿を置いて、アクセサリートレイにしたり。アイデア次第で、食卓以外でも楽しむことができそうです。

住

# 金継《きんつ》ぎして長く大切に使う

大切に使っているうつわが割れてしまった…でも捨てるには忍びない。そんなときは、金継ぎにトライしてみませんか？金継ぎは、もともと美術品や茶道具の修復のために考えられた技術。希少な漆を使い、たくさんの時間を要するため、「よほど高価なうつわでないと難しい」と考えられてきました。現代では、高価なものではなくても、「大切に使い続けたい」という思いから、自ら金継ぎに挑戦する方が増えています。各地で教室も開かれ、ぐっと身近なものになりました。

植物性の合成樹脂「新うるし」は、かぶれの心配がなく、手軽にトライできるので初心者向き。直接口に運ばないアクセサリートレーなどにするのがおすすめです。本格的にはじめたい方は本漆を。もともとうつわに使う素材なので、本漆なら金継ぎ後も食卓で使っても安心です。目的に合わせ、上手に素材を選んでみてください。

漆＝P160、219

# URUSHI
# SHIN-URUSHI

# 贈

## 誰かのために
## うつわを選んで贈る

結婚祝い、出産祝い、退職祝い。うつわは、贈り物の定番でもあります。何を贈ったらよいか迷ってしまう…。そんなときの選び方のコツや考え方をご紹介します。

Present

贈

## 贈る相手はどんな方？

贈り物は、パーソナルなもの。何を選ぶか迷ったら、相手の家族構成や趣味、好きな食べ物などを思い出してみましょう。たとえば、日本酒が好きな方に、猪口を選ぶ。お気に入りの酒器にひとつ加えてもらえたらうれしいですね。日ごろの感謝の気持ちを、口に出すよりもより自然に伝えることができそうです。

新生活をはじめるときは、何かと物入り。結婚したばかりの若いご夫婦であれば、食器に多くの予算を割くのは難しいかもしれません。結婚祝いは門出を祝う気持ちを込めて、本漆のお椀など、長く使えるもの、質の良いものを選んでみてはいかがでしょうか。来客用のカップ＆ソーサーも結婚祝いによく選ばれます。

うつわを選ぶとき、思い浮かべるのは使う人。相手を思ってアレコレ選ぶ時間も相手への贈り物です。

# Present

# 贈

## 子どもに「自分だけのうつわ」を

子どものための食器というと、落としても割れないプラスチック製を選びがちです。でも幼いうちだからこそ、食事が楽しくなるような、使いやすいうつわを選びたいですね。

家族で共有する大皿と違って、お茶碗やお箸は毎日使う自分だけのもの。ですから「私のお茶碗」「僕のお箸」と愛着が生まれやすいアイテムです。お茶碗やお箸を使う年頃になったら、好きなものを自ら選んでもらう。そうすることで、ものを大切にする心が自然と育まれます。大きくなってからも記憶に残る、思い出のうつわがあるのは幸せなことですね。

「MOAS Kids（モアスキッズ）」シリーズは、そんな思いから作られた子どものためのうつわです。離乳食はもちろん、自分で食べるようになっても使いやすいよう作られています。わが子や孫はもちろん、出産のお祝いにも安心して選べる子どものうつわです。

「MOAS Kids（モアスキッズ）」
https://www.utsuwa-hanada.jp/moaskids/

贈

# どんな人でも食事を楽しめるうつわ

みなさんはうつわの重さを意識したことはありますか？「素敵だけれど重たいうつわ」は、年齢とともに使いづらくなるそうです。離れて暮らす両親にいつしか老いを感じたとき「軽くて使いやすいうつわ」を贈ってみてはいかがでしょうか。

「ＭＯＡＳ（モアス）」は、ハンディのある方も、快適に食事をするために作られたうつわ。「倒れにくい」「持ちやすい」「つかみやすい」「すくいやすい」「運びやすい」「軽い」をコンセプトに、８人の作家さんの創意工夫で生まれました。料理がすくいやすいよう、縁に折り返しを付けたり、高台を広めに取って倒れにくくしたりといった工夫がなされています。

高齢者向けのうつわというと味気ないものになりがちですが、歳をとって自由が少なくなったときこそ、食事を楽しむことが大切なのかもしれません。

「MOAS（モアス）」
https://www.utsuwa-hanada.jp/moas/

# 季

## 季節を取り入れる心

四季を通して食材が手に入り、旬の感性があいまいになっている今だからこそ、うつわを使って、日々の食卓に季節感を取り入れてみませんか？春夏秋冬、そして新年。季節を味わうテーブルコーディネートのヒントをお届けします。

夏
春
冬
秋

季

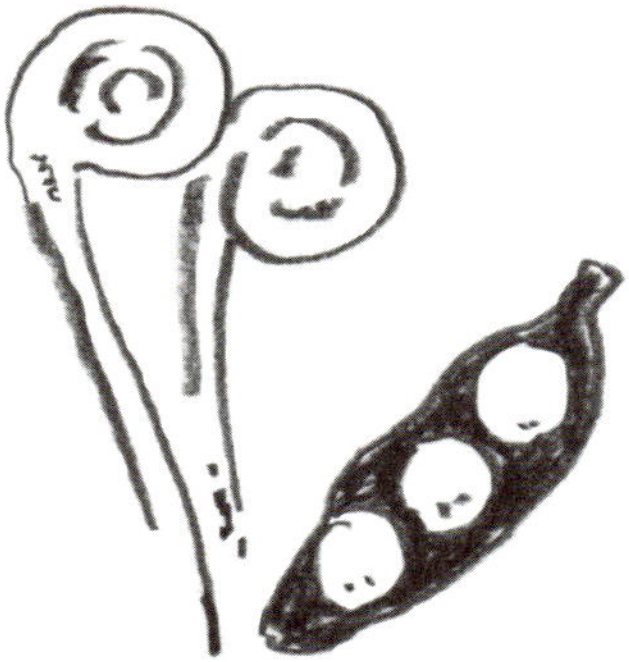

# 〈春〉春野菜を主役に

花が色付く春。お花見の席では、漆器のお重がひとつあると、ハレの日らしくなりますね。

春は、カラフルな食材が出まわり始める時期。いつもの食卓なら、うつわはあえて抑え目に。やわらかな質感と色調のものを選ぶと、春野菜のグリーンが、より引き立ちます。

たとえば、うつわは白やグレーのペールトーンを。淡い色合いのやわらかなリネンを敷いて。ガラスや木など、軽やかな素材のうつわも取り入れてみましょう。リム（縁）にレリーフのあるお皿を選ぶと、春らしい華やかさが生まれます。

全体の印象が甘くなりすぎないよう、アンティークのカトラリーでぎゅっと引き締めて。大人の春の演出を。

# 季

## 〈夏〉夕涼み

年々厳しくなる猛暑。

暮らしの中に、涼し気な工芸を取り入れてみませんか？たとえば、竹籠、グラス、藍染めの手ぬぐい。

手ぬぐいは、拭き、包み、飾ることもできる万能の布。両面を染めた注染（ちゅうせん）の手ぬぐいは、表裏がないので、窓辺にかけたり、暖簾にしたり。硬くしぼって、おしぼりにしてもよいですね。

お蕎麦は荒物のざるに盛るもよし。青みがかった白磁のお皿に盛るのも涼し気。

小皿には、体をひんやり整えるキュウリのたたき、茄子の煮びたし、酢の物を盛って。冷酒と一緒に、夕涼みしませんか。

季

# 〈秋〉月を愛でる

まだまだ汗ばむ陽気が続く秋。

旧暦の8月15日は、一年で一番月が美しく見える「中秋の名月」で、別名は「芋名月」。9月13日の「十三夜」は、「栗名月」「豆名月」とも呼ばれていました。

「芋名月」には、その年に収穫した芋や栗、枝豆や稲穂をお神酒（みき）とともに備え、すすきを飾り、月を眺める風習があります。ときには、薄い出汁で煮たサトイモを豆皿に乗せて。ひやおろしをお好きな酒杯に注いで。縁側から宵の月を見上げてはいかがでしょうか。

おいしいものがたくさん出まわる秋。お酒のあとは、新米とサンマ、キノコ汁で〆るのも乙ですね。

# 季

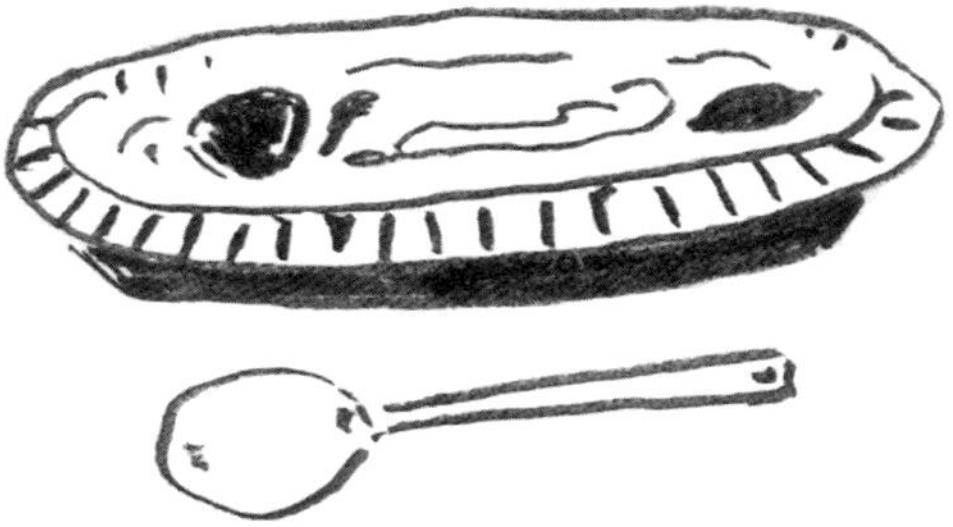

## 〈冬〉温かな食卓

頬に当たる風が冷たくなる冬。夕食に、体の芯からぬくもるポトフはいかがでしょう?ポトフはフランス生まれの家庭料理。「火にかけた鍋」という意味があります。火まわりがよく、耐熱性の高い土鍋で塩漬けの肉と野菜を煮込み、グツグツのまま食卓へ。深さのある皿に、まずはスープを取り分けて。次に具材を盛り付け、マスタードを添えて。最後はうま味がぎゅっとつまったスープで、リゾットを作るのもよいですね。

太い糸で手織りしたランチョンマットを敷き、パンは、木のぬくもりを感じるカッティングボードにのせて。寒いときこそ、温かな素材を取り入れましょう。

# 季

## 〈新春〉ことほぐ

霜が降り、雪もちらほら舞う新春。

今年もよい年でありますよう、お部屋の一角を神棚に見立ててみませんか？熊手や招き猫、だるまなどの縁起物。張子の動物や、愛らしい土人形。鶴、亀など、吉祥を象った藁細工。漆を塗り重ねる漆器は、幸せを塗り重ねるともいわれ、お祝いの席にも用いられます。

稲の収穫が終わった農閑期。雪深い山間部では、農家の方が、稲や麦の茎からできた藁で、春を待ちながら、しめ飾りや、草鞋（わらじ）、蓑（みの）、箒（ほうき）などの生活用具を編んでいました。

そんな光景に思いを馳せながら、飾ってみてはいかがでしょうか。

陶山神社

# 集

## 揃えて集める楽しみ

うつわは、美術品のように集めて楽しい「コレクションアイテム」でもあります。豆皿など細々としたものを収集している方も多いでしょう。好きな作家さんのうつわを探して買い集めるのも、うつわ好きの醍醐味ですね。

ここでは日常を支える基本セットの選び方や、収集して楽しいアイテムと選び方のコツをご紹介します。ひとめぼれのように惹かれたものはもちろんよいですが、さらに毎日使う実用品として、手に持ったときのフィット感やほどよい重さといった「手なじみ」を意識してみましょう。

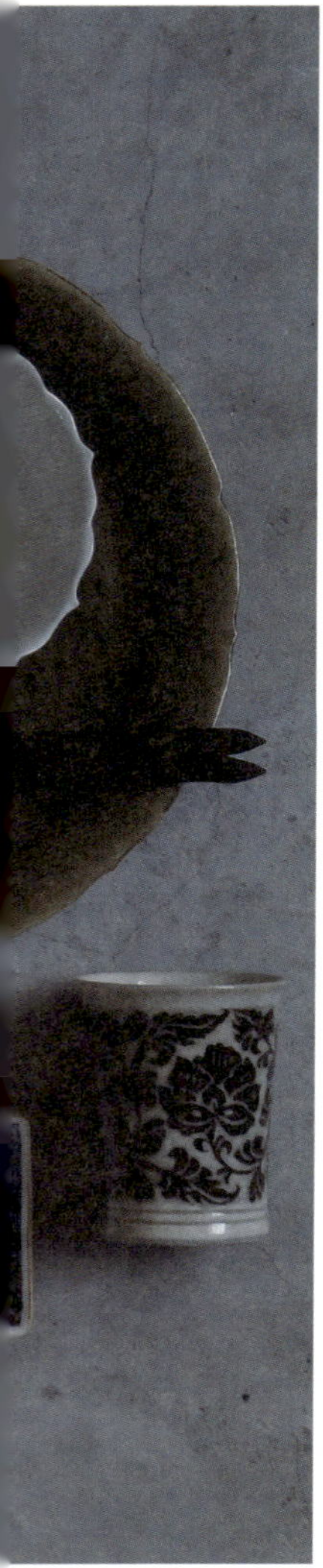

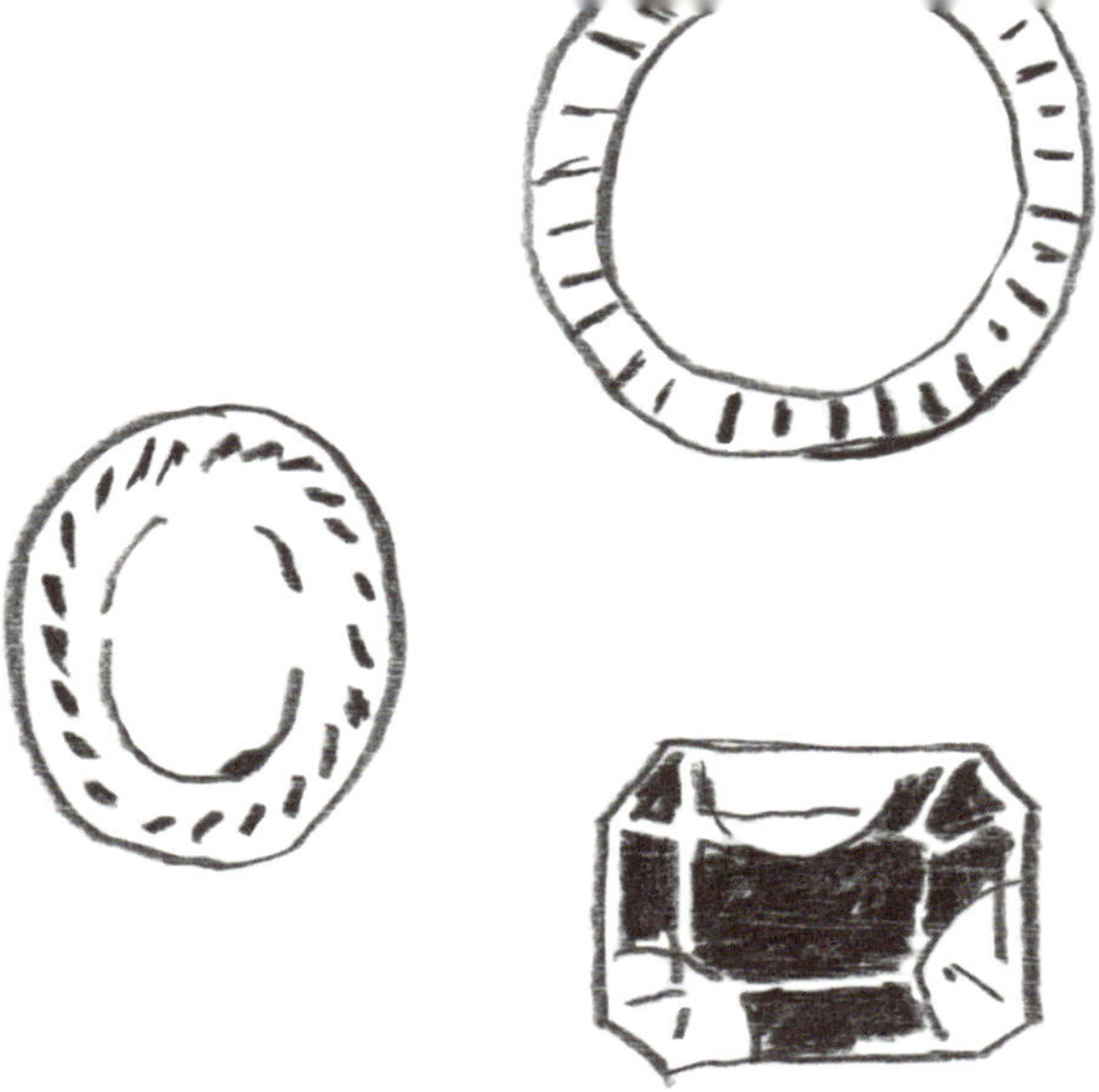

# 集

## まず、これだけは揃えたい

最初に選びたいのは、毎日使う飯碗。デザインや色はお好みですが、何度か手にとってみるのがおすすめです。

一緒に選びたいのは、汁椀。漆器は希少な漆を塗り重ねて作るものなのでお値段が張るのですが、漆がはがれてしまったときも、素地に木を使ったものであれば塗り直して使うこともできます。

フリーカップや小鉢は、いわばバイプレーヤー。洋食派ならスープやデザートをよそって。和食派なら和え物や甘味を盛って。ここに、6寸〜8寸程度のお皿を加えてゆくと、食卓に必要なセットができあがります。愛着が持てる素敵なうつわを選ぶことで、食卓の景色が変わりそうです。

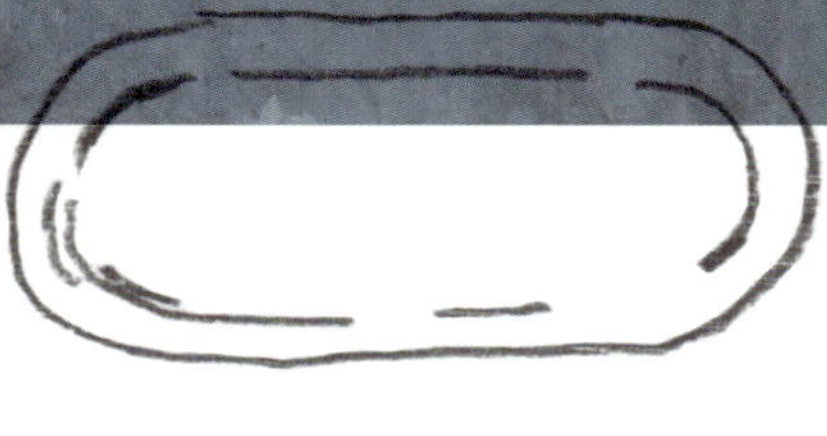

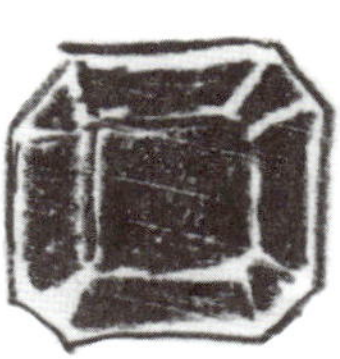

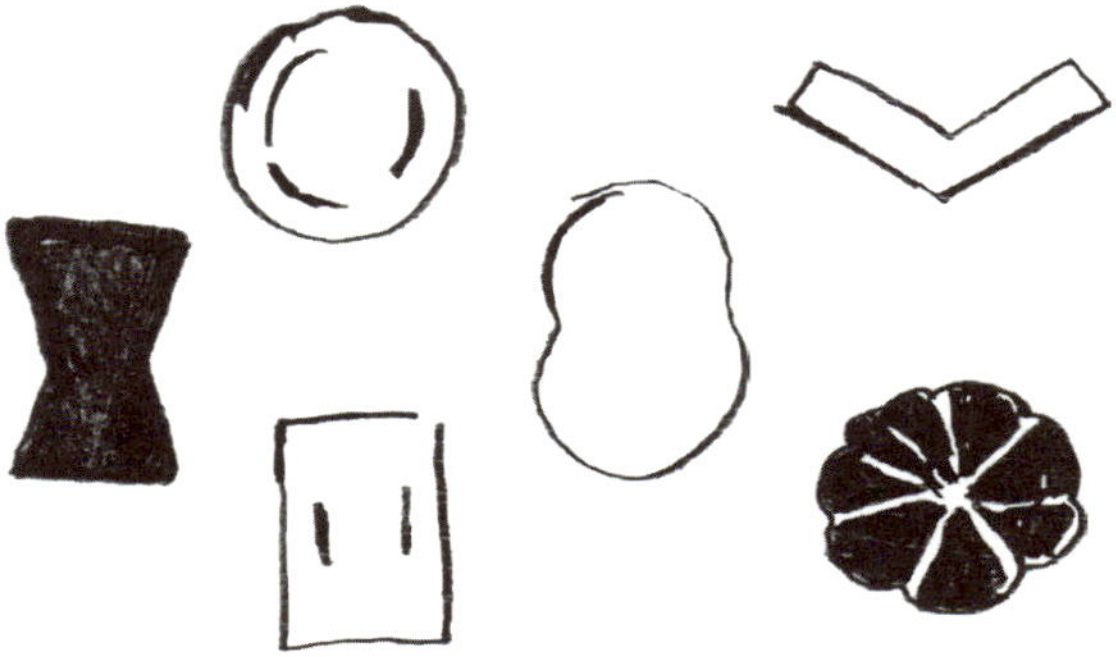

# 集

## 箸と箸置き

お箸は、基本的にご家族の人数分揃えますが、持ちやすさは人それぞれ。やはり、すべりにくいものを選びたいですね。箸先が精緻にカットされたものや、掴みやすく削られているものがおすすめです。また、手なじみを重視するなら、五角形以上の多角形か丸みを帯びたものがよいでしょう。ある程度重さがあった方が落ち着くという方は、木の目がつまった黒檀や紫檀を選ぶとよいですね。あまり絵柄の多いものを選ぶと、うつわとバランスが取りにくいときもあるので、まずはシンプルなデザインを。

二膳目は色を変えてみたり、蒔絵（まきえ）や象嵌（ぞうがん）など装飾があるものを選んでみては？何膳かあると、バリエーションが楽しめますね。

箸置きは、毎日使う箸に対して、変化を付けるもの。ビビッドな色や柄に挑戦してみてはいかがでしょうか。形も、四角や丸だけでなく、瓢（ひさご）やお干菓子のようなものなどさまざま。中には、薬味をちょこっと盛れる豆皿兼用の箸置きもあります。松竹梅、月見うさぎなどをかたどったものをあしらって、手軽に季節感を取り入れることができそうです。

象嵌＝P169
蒔絵＝P168

集

# 敷物

　敷物は、食卓のイメージをがらりと変える立役者。同じうつわを置いても、まるで印象が変わります。たたんでしまうことができるので、場所を取りません。大判のテーブルクロスは、洗濯したりアイロンをかけるのがちょっと面倒…いう方は、まずは一人前のランチョンマットを数枚揃えてみてはいかがでしょうか？

　たとえば、春は、淡い色合いのふわっと軽やかなリネン。夏は、藍染めの布できりっとした印象に。秋は、ベージュやオリーブグリーンなどの深い色合いのコットン。冬は、目にも温かなテクスチュア感のある手織りのものを。

　鉄瓶や土鍋など高温のうつわを置くときは、卓上を傷めないよう、鍋敷きを。クッションのように編まれた藁の鍋敷きは、丈夫で手作りならではのあたたかみがあり、うつわの和洋を問わず、置くだけでさまになります。使うほどにグリーンから茶褐色に変わって行く姿も味わい深いものです。うつわのサイズに合わせて何枚か揃えておくとよいですね。夏は、白やブルーのタイルをさらりと置くのもさわやかです。

集

# 家飲みの時間

いくつあっても楽しい、酒器。家飲みならでは、お酒の種類に合わせて集めるのも楽しいですね。ビールは、ごつめのタンブラーで豪快に。すっと背の高いうすはりでエレガントに。陶磁器のものは、炭酸が抜けるのを防ぎ、泡立ちをきめ細やかにするそうです。

ワインは、ボルドーやブルゴーニュなど産地に合わせた専用のグラスがありますが、家ならば、広口で香りが立つフリーカップや蕎麦猪口で気軽に飲みたいという方も。

お酒や調味料にも使える片口は、冷酒用の注器として、浅めのものならおかずを盛る小鉢としても活躍します。

日本酒は、冷、ぬる燗、熱燗…と、お好みの温度も人それぞれ。ガラス、漆、土もの、錫（すず）などお好きな素材を選び、手なじみがよく、口当たりがぴったりくるものを探してみましょう。

どのお酒にもいえることですが、熱伝導に優れる錫は適温を保ち、イオン効果が雑味をとりのぞき、味わいをまろやかにするのだとか。

一日の終わり、お好きなお酒とともにゆるりとしませんか？

集

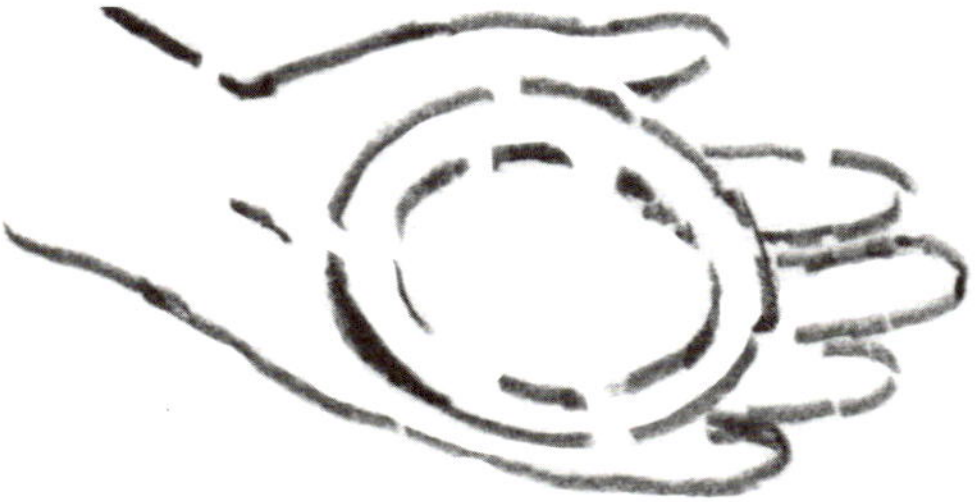

# 豆皿や小さなものを集めて

日々の食卓に必要なうつわや好みの酒器を揃えたところで、暮らしのアクセントになりそうな、小さなものを集めてみてはいかがでしょう?

食卓に置いたままにする醤油さしや調味料入れは、そこにあるだけで静かに存在感を放つものを。ミルクピッチャーは、一輪挿しとしても使うことができます。

小さなものなら、収納面積も小さめ。たくさんの作家モノが欲しいという人でも、小さな豆皿ならしまい場所に困りません。差し色になるもの、絵柄の多いものなど、冒険するのもよいですね。

コーディネートよりも、直観を大切に。遊び心を全開にして、楽しんでみて下さい。

# 旅

## うつわを探す旅

うつわの産地や窯元を訪ねて「土地の空気」に触れ、愛着ごと持ち帰る旅。各地でクラフトマーケットや陶器市が開かれるようになり、作家さんと直接話す機会も増えています。

フィールドワークを兼ねて作家のもとを訪ねる「コハルアン」店主・はるやまひろたかさんに、「うつわを探す旅」の楽しみをお聞きしました。

旅

# 東京からほど近い陶器のまち、益子

栃木県・益子町では、江戸末期から鉢や水瓶など日用道具が作られてきました。のちに、哲学者・柳 宗悦（やなぎ・むねよし）氏による民藝運動と、その盟友である陶芸家・濱田 庄司氏の益子移住をきっかけに、全国的に陶芸のまちとして知られるようになりました。

都心からのアクセスもよく、日帰りで窯元やギャラリーを巡ることができ、毎年ＧＷと11月に開催される益子の陶器市では、多くの人が集まります（Ｐ98参照）。

旅先に到着したら、すぐにうつわ屋さんへ行かず、まずはランチを兼ねてお食事処を訪ねてみましょう。うつわの産地では、その土地のうつわを使っていることが多く、地元食材との相性を五感で感じることができそうです。益子なら、民藝的な渋いうつわで、手打ち蕎麦と地元産野菜の天ぷらはいかがでしょうか。

全国から作り手が
集まる陶器市

うつわも楽しい
手打ちそば

おしゃれな
アンティーク店も多い
益子の町

真岡鉄道からの
景色に心なごむ

旅

## 市街地から近い窯業のまち、砥部

愛媛県・砥部町は、山で採れる砥石くずを原料に、江戸後期から素朴な生活雑器を手がけてきたまち。一般的に、窯業地は市街地から離れていることが多いのですが、砥部町は、松山城をはじめ観光スポットに恵まれた松山市からバスで40分。アクセスがよいのも魅力です。

砥部町に到着したら、まず訪れたいのが、作陶風景の見学や絵付け体験ができる「砥部焼観光センター 炎の里」。まちで作陶する作家の作品が一堂に会しているので、お好きな作品を手がかりに、窯元めぐりができそうです。「砥部焼陶芸館」をはじめ、手びねり、ロクロ体験ができる施設もあります。

窯元めぐりの後は、風情ある道後温泉で一泊。旅の疲れを癒してみてはいかがでしょうか。

砥部の「池本窯」を
訪れて

砥部中心部にたたずむ
大宮八幡

松山市内を行き交う
市電は、愛媛の名産・
みかんカラー

坊っちゃんでも
知られる
道後温泉

アルマイト鍋で
供される松山名物・
鍋焼きうどん

旅

# 日本の磁器発祥の地、有田

佐賀県の有田町は、日本で初めて磁器が生まれたまち。出荷する港の名にちなんで、別名「伊万里焼」とも呼ばれます。「源右衛門窯(げんえもんがま)」をはじめ、名工の技を間近に見学できる窯元や、華麗な絵付けを施した作品を鑑賞できる資料館や美術館が点在しています。そぞろ歩きが楽しい風情のある町は、「日本の20世紀遺産20選」にも選ばれています。

旅先でのお買い物は、その土地の技法や作家の作風、持ち味が出やすい、箸置きや豆皿など小さなうつわがおすすめです。見栄えのする高価な大皿などを求めたくなる気持ちもわかりますが、小さなものならお求めやすく、何点か購入して自分なりのコーディネートを楽しむことができそう。割れないよう衣類に巻いて気軽に持ち帰れるのも魅力です。

登り窯に用いたレンガや
陶片を再利用した
ドンバイ塀

陶石が採掘されていた
泉山磁石場

染付磁器の鳥居や
灯篭が並ぶ陶山神社

風情のある
有田内山の町並み

# 旅

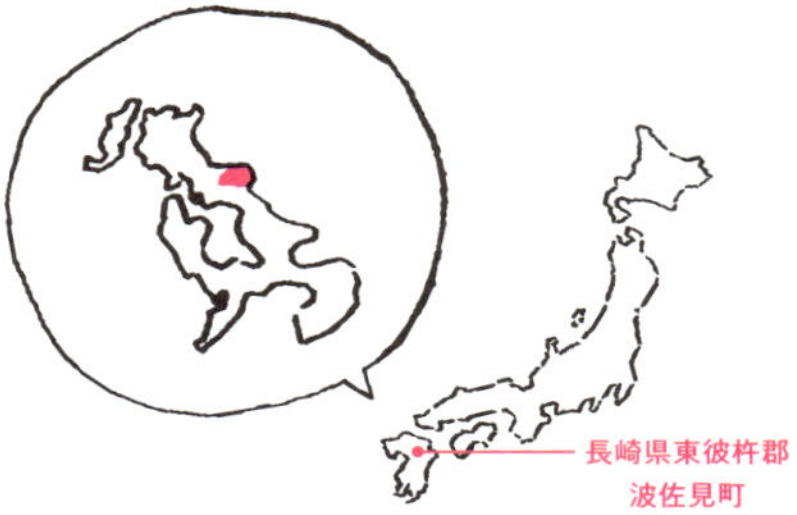


## 400年続く陶器のまち、波佐見

佐賀県の有田町のほど近く、長崎県の中央に位置する波佐見町は、元々は有田と同じ「肥前国」に属した地域。４００年以上に渡り、生活に根ざした陶磁器を作り続けています。江戸時代、波佐見で作られたどっしりと安定感のある「くらわんか碗」は、飯碗やおかずを盛るうつわとして庶民の暮らしに広く浸透しました。「白山陶器」をはじめ、モダンなデザインやフォルムのうつわは、今も変わらぬ人気を集めています。

多くの窯元が軒を連ねる中尾山では毎年４月に窯元を一般公開する「桜陶祭（おうとうさい）」を、世界の窯を再現した広大な「やきもの公園」では、ＧＷに「波佐見陶器まつり」が開催されます。

帰路、近くの武雄温泉や嬉野温泉へ足を伸ばすのもおすすめです。

石膏型を使った
型打ち

窯元の並ぶ
中尾山

ノスタルジックな
鬼木の棚田

武雄温泉

長崎県民の
ソウルフード・
ちゃんぽん

# 訪ねたい！
# クラフトマーケット＆陶器市

クラフトマーケットや陶器市は、作り手や土地に根付いた作風を身近に感じられる場所。出店している作家さんに、作品に込められた思いや素材について教えていただくのも楽しいものです。「自分だけのお気に入り」に出会えるのも出かけていく醍醐味のひとつ。ここでは代表的なクラフトマーケットや陶器市の情報をまとめました。お出かけの折の参考にしてみてください。

千葉県佐倉市

千葉に縁のある作り手が集まる

## にわのわ アート&クラフトフェア・チバ

6月 第1土・日曜日

佐倉城址公園

niwanowa.info

「千葉県でたくさんの作家が活動していることを多くの人に伝えたい」という趣旨のもと、千葉県に縁のある作家たちが出品。陶磁、木工、漆、ガラス、など、日々の生活の中に溶け込むようなクラフトを紹介。

長野県松本市

クラフトフェアの草分け的存在

## クラフトフェアまつもと

5月最終の土・日曜日

あがたの森公園

matsumoto-crafts.com

2019年で35回を迎えるフェア。ものを「作る人」と「使いたい人」「これから何かを作りたい人」をつないでいる。さらに、2007年からは、地域に根ざした工芸に着目した「工芸の五月」を開催している。

千葉県市川市

素材を生かした作品が集まる

## 工房からの風 craft in action

10月開催

ニッケコルトンプラザ屋外会場

www.kouboukaranokaze.jp/cia

作り手と使い手の交流を趣旨に「ニッケ(日本毛織株式会社)」が企画運営する野外クラフト展。ギャラリストの目を通して選ばれた、暮らしに根ざした工芸やクラフトが集まる。

東京都豊島区

クラフトをもっと身近に

## 手創り市

毎月 第3日曜日

鬼子母神、大鳥神社

www.tezukuriichi.com

豊島区雑司ヶ谷の「鬼子母神」と「大鳥神社」で開かれる都内最大のクラフトマーケット。月ごとに変わるワンテーマに沿ったうつわ、パン、スイーツなどの作り手が集まる。毎月通いたくなりそう。

**佐賀県**

明治時代から続く伝統ある陶器市

## 有田陶器市

毎年 4 月 29 日～ 5 月 5 日

有田町全域

www.arita-toukiichi.or.jp

有田町全域で開かれる壮大な陶器市。店先、トンバイ塀通り、門前町、あらゆる場所が会場に。伝統的な有田焼、日常雑器、個性的なうつわに出会えそう。

**大阪府堺市**

茶の湯の街、堺で開催されるフェア

## 灯しびとの集い

11 月

大仙公園催し広場

tomoshibito.org

陶磁、ガラス、木工、金属、染織など、全国からプロ・アマチュアを問わず作り手たちが集まる。ギャラリストが選出した作品に触れ、購入できるクラフトフェア。

**滋賀県**

日本古来の陶器のまちへ

## 信楽<br>陶器まつり

10 月

滋賀県甲賀市信楽町

www.shigaraki-matsuri.com

伝統的な信楽焼きの産地で、屋内で展示会、屋外で販売会を開催。おなじみのタヌキをはじめとする大振りの置物や、生活雑器など、ありとあらゆる陶器を見つけることができる。

**栃木県益子町**

毎年春と秋に開催

## 益子陶器市

GW、11 月

益子町全域

blog.mashiko-kankou.org

ceramics_bazaar

毎年、GW と11月に町全体で開催される大規模な陶器市。伝統的な益子焼、日常雑器、若手の作家さんの作品など約500のテントが並ぶ。

愛知県

千年以上も前から続く窯業地で開催

## せともの祭

毎年9月 第二土曜日の前後に開催

「尾張瀬戸駅」周辺及び瀬戸市内一円

www.setocci.or.jp/setomonomatsuri

日本六古窯のひとつ・瀬戸。2019年で88回を迎える「せともの祭」には、毎年、全国から年数十万の人たちが集まり、街全体が会場に。

福岡県朝倉郡

アウトレットも魅力

## 民窯むら祭

5月、10月

東峰村小石原の窯元・
小石原焼伝統産業会館

mintoumuramaturi.jimdo.com

飛び鉋、刷毛目が特徴的な小石原のうつわ。毎年、春・秋に、44軒の窯元を中心に開かれる陶器市。絵付け体験や小石原焼きの食器で提供される食事も楽しめる。

京都府

夏の風物詩

## 京都五条坂陶器まつり

毎年8月7～10日

五条坂一帯

www.toukimaturi.gr.jp

清水焼発祥の地で開かれる陶器祭。五条坂一帯に350店が出店し、毎年多くの人手で賑わう。掘り出し物はもちろん、若手の作品に出会うチャンス。

茨城県

ライブパフォーマンスも楽しみ

## 笠間の陶炎祭（ひまつり）

GW

笠間芸術の森公園イベント広場

www.himatsuri.net

陶芸家の作品、200軒を超える窯元・地元販売店が集合！作り手が身近に感じられる陶器市。ぐい飲みや飯椀などの日用雑器を選ぶことができる。

# 2

# ギャラリーが今、おすすめする注目作家55人

## その一

さまざまな材質、いろいろな技法。形もあれこれ、色も楽しく。

ギャラリストの方々に今おすすめの作家さんをお聞きしました。

「私はこういう作風が好き」「知らなかったけどこれもいいな」「こんな作り方もあるんだな」と、あなたのお気に入りを見つける手助けになりますように。

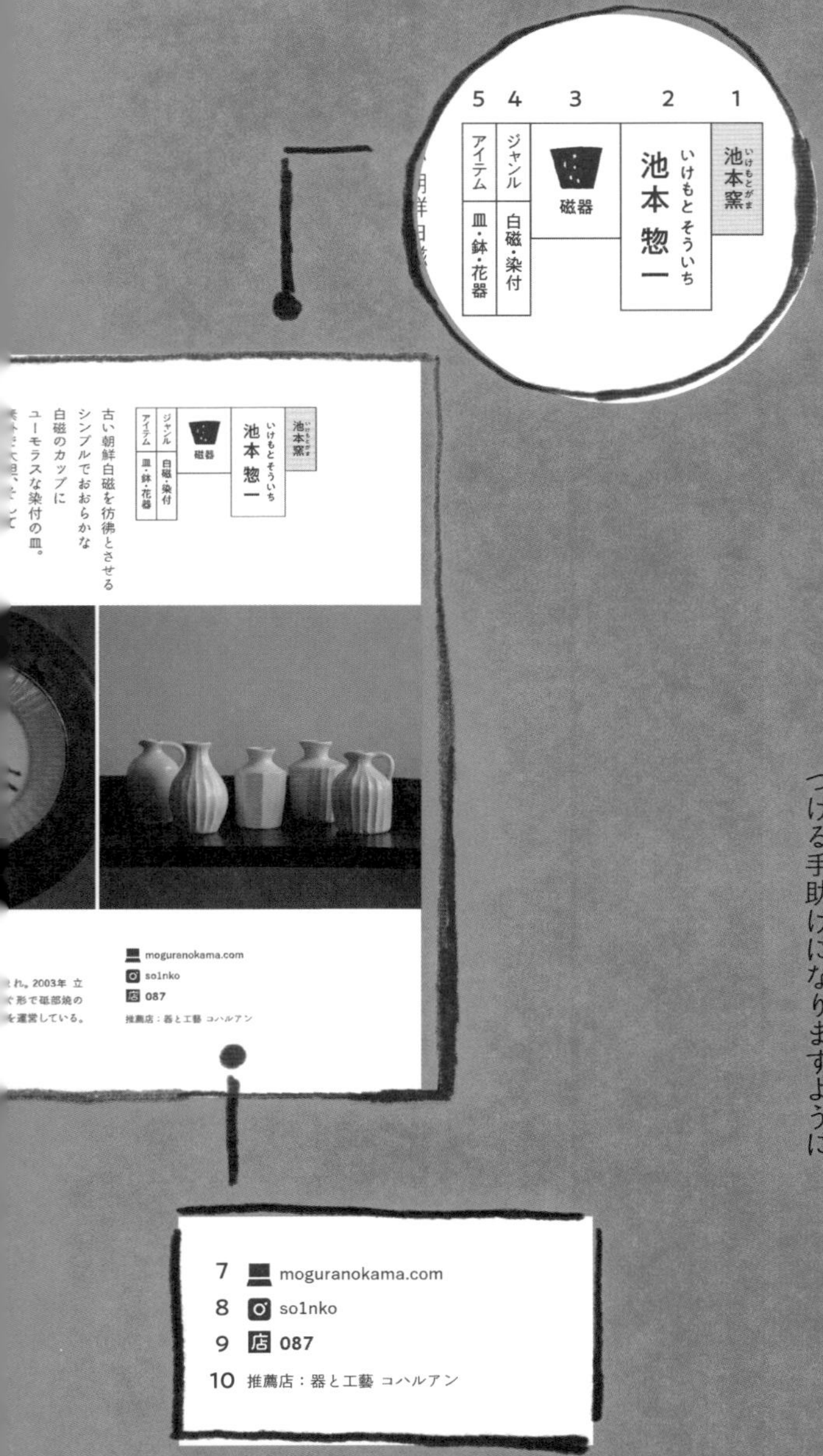

## 作家紹介ページの見方

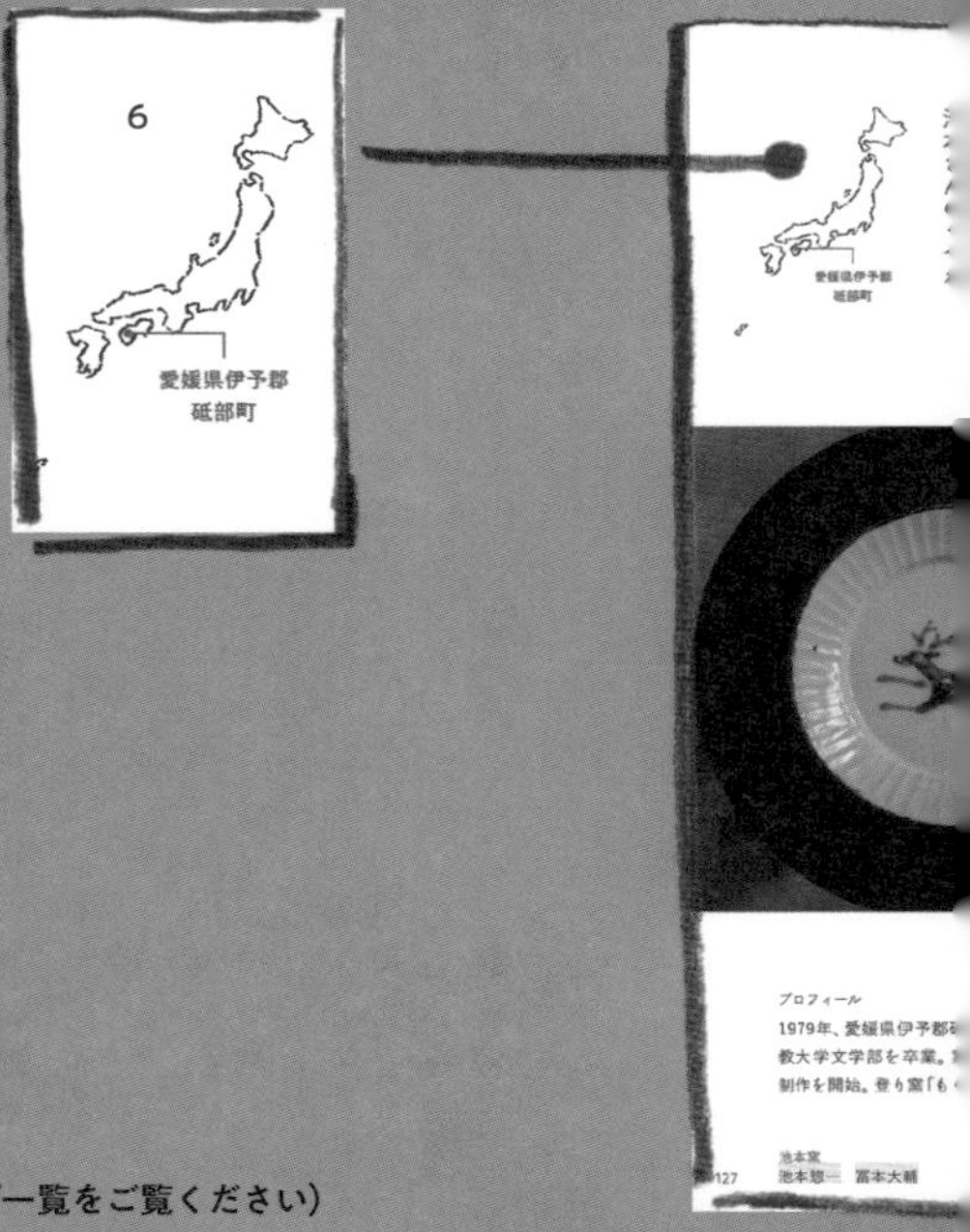


1　窯や工房、ギャラリー等の名称

2　作家名

3　作品の材質

4　作風を表す技法や特色

5　制作している主なアイテム

6　現在制作している土地（2019年4月現在）

7　WEBサイト

8　Instagramアカウント名

9　取扱店の番号（店名はP227からのショップ一覧をご覧ください）

10　作家を推薦いただいたギャラリー名

推薦ギャラリー
P102～「mist ∞」店主 小堀紀代美さん
P120～「コハルアン」店主 はるやまひろたかさん

# 岳中《たけなか》 爽果《さやか》

陶器

磁器

ジャンル 上絵付け・彫り

アイテム 皿・カップ・酒器・花器

華やかで繊細。
女性的な美しさで
多くの人を魅了する
岳中さんのうつわ。
圧倒的な彫りの模様や
やわらかな上絵付けは
思わずため息がでる
存在感です。

プロフィール

1997年、武蔵野美術大学短期大学部工芸デザイン科を卒業。2001年、東京都目黒に工房を設立。2005年、多摩美術大学造形表現学部に編入し日本画を専攻する。2016年、京都市に工房を移動し現在まで活動している。

www.takenakasayaka.jp

sayatakenaka

店 **023 , 033 , 051 , 083**

推薦店：mist ∞（ミスト）

# 高坂《たかさか》 千春《ちはる》

半磁器

| | |
|---|---|
| ジャンル | 下絵付け |
| アイテム | 皿・鉢・カップ |

手描きならではの
ゆらぎが楽しい
高坂さんの幾何学模様。
のびやかな作品は
毎日の暮らしに
いきいきとした喜びを
与えてくれそうです。

プロフィール

1986年、福島県生まれ。2007年、多治見市陶磁器意匠研究所を修了。2009年、栃木県益子町に工房を移転し作陶している。

takasakachiharu.web.fc2.com

店 032 , 051 , 076

推薦店：mist ∞（ミスト）

# 久保田《くぼた》 健司《けんじ》

陶器

| | |
|---|---|
| ジャンル | イッチン・スリップウェア |
| アイテム | 皿・鉢・カップ |

泥を使った「イッチン」で
丁寧に描き込まれた
有機的で繊細な模様に、
スリップウェアの動物。
あたたかで愛らしい
久保田さんのうつわ。

プロフィール

1979年、埼玉県生まれ。2004年、埼玉大学教養学部芸術論科を卒業。栃木県芳賀郡益子町に移り、大熊敏明氏に師事。2006年、益子の製陶所に勤務し2011年、益子にて独立。

kubokem.tumblr.com

kubokem

店 051

推薦店：mist ∞（ミスト）

苔《こけ》岩《いわ》工《こう》房《ぼう》

# やの さちこ

漆器

| ジャンル | 漆工・蒔絵 |
| --- | --- |
| アイテム | 椀・小皿・レンゲ |

伝統工芸の技法と女性らしい繊細さが融合した、やのさん漆器。色漆や蒔絵で描かれたのびやかな動植物にため息がこぼれます。

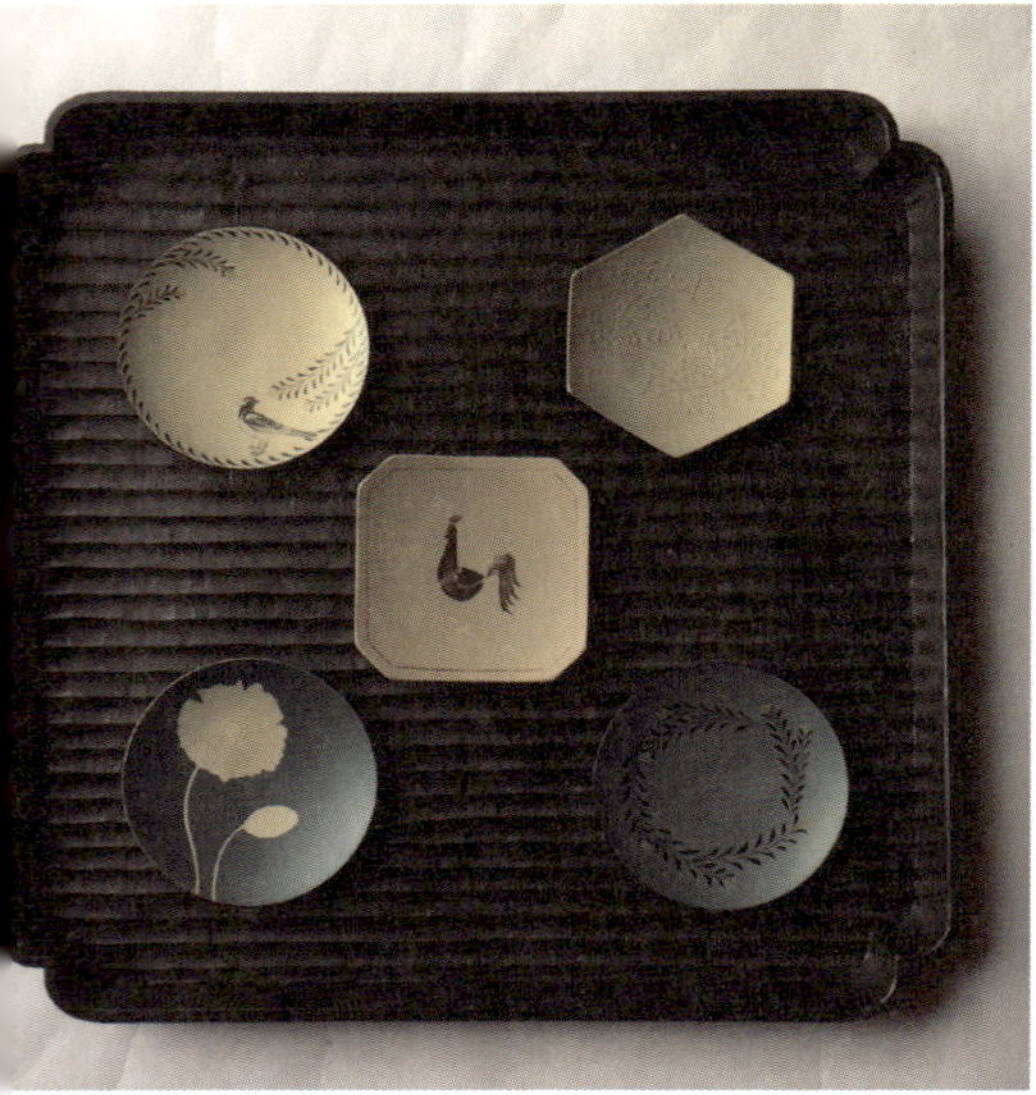

プロフィール

1978年、大阪府生まれ。2001年、京都市伝統産業技術後継者育成研修 漆工コースを修了。同年、漆芸家・服部峻昇氏に師事。2007年に弟子明けし独立。2008年より育児休業に入り、2015年頃より創作活動を再開。

yanosachiko

店 043 , 051 , 060

推薦店：mist ∞（ミスト）

# 苔岩工房《こけいわこうぼう》

## 落合《おちあい》 芝地《しばじ》

木工

| | |
|---|---|
| ジャンル | 木工・漆 |
| アイテム | 盆・椀 |

丸ノミの彫目が美しい角盆にロクロで削り出した木目の美しい丸盆。落合さんが手作業で仕上げるうつわは使い込んで味わいたい一生モノです。

プロフィール

1975年、京都府京都市生まれ。2000年、京都市伝統産業技術者研修漆工本科を修了。その他、木工の基礎や木工ロクロを学び、2007年、滋賀県朽木に工房を開設。2012年には工房を滋賀県大津市南小松に移転し現在に至る。

ochiaishibaji.jp

shibajiochiai

店 023 , 031 , 051 , 060 , 069

推薦店：mist ∞（ミスト）

## 陶房《とうぼう》momo《モモ》

# 奥《おく》 絢子《じゅんこ》

磁器

| | |
|---|---|
| ジャンル | ロクロ・輪花・金銀彩 |
| アイテム | 茶器・酒器・皿 |

トルコブルーに
やわらかな桜色。
マットな磁器の肌合いに
施された金彩・銀彩。
フォルムも可憐な
奥さんのうつわは
暮らしにときめきを
届けてくれます。

プロフィール

1978年、神奈川県生まれ。1998年、武蔵野美術大学陶磁科を卒業。1998年、東京竜泉窯に勤務。2011年、東京都目黒区に築窯し、2015年、東京都品川区に移転。現在に至る。

toubou-momo.moo.jp

oku.junko

店 **025 , 051 , 071**

推薦店：mist ∞（ミスト）

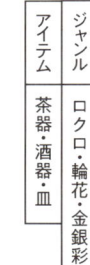

陶房 momo
奥絢子

出製陶《いずるせいとう》

# 山本《やまもと》 領作《りょうさく》

陶器

| | |
|---|---|
| ジャンル | 備前焼・色土 |
| アイテム | カップ・酒器・花器 |

素朴な土の味わいを楽しめる備前焼。その伝統と技術を受け継ぎながらも顔料を練り合わせた「色土」を使うことでモダンで洗練された備前焼が生まれました。

プロフィール

1978年、山本 出（岡山県重要無形文化財）氏の次男として備前に生まれる。人間国宝 山本陶秀氏を祖父に持つ。2001年、日本大学芸術学部美術学科を卒業。2003年、父・山本 出氏に師事。2014年、兄の山本 周作氏とともに出製陶を立ち上げる。

izuru-seitou.com

izuru_seitou

店 051 , 064

推薦店：mist ∞ （ミスト）

出製陶
山本領作

醇窯《じゅんよう》

# 高須《たかす》 健太郎《けんたろう》

陶器

| | |
|---|---|
| ジャンル | 鉄彩・線刻・粉引 |
| アイテム | 皿・カップ・ボウル |

プリミティブな
力強さが魅力の
高須さんの鉄彩作品。
こだわりぬかれた
フォルムや質感が
存在感を持って
立ち上ってきます。

プロフィール

1974年、福岡県福岡市生まれ。福岡大学法学部を卒業後、陶芸家の母の影響もあり、愛知県立瀬戸窯業高校専攻科に入学。その後、福岡県に戻り糸島市にて作陶をしている。

junyo1974

**店 040 , 051 , 075**

推薦店：mist ∞（ミスト）

醇窯
高須健太郎

# 松塚《まつづか》 裕子《ゆうこ》

陶器

| ジャンル | アイテム |
|---|---|
| 陶器 | 皿・マグ<br>ピッチャー・コンポート |

しあわせな記憶とともに
長く愛される1枚を。
やさしく絶妙な色合いと
西洋アンティークを
思わせる端正なフォルム。
手彫で施された
レリーフが美しい
松塚さんのうつわ。

プロフィール

1981年、福岡県生まれ。2004年、武蔵野美術大学工芸工業デザイン科陶磁専攻を卒業。2006年～2010年まで神戸芸術工科大学 造形学科 陶芸コースの助手を勤め、2010年、東京都深大寺の自宅工房にて活動をはじめる。

matsunoco.wixsite.com/yukomatsuzuka

shimi_matsu

店 作家サイトにてご確認ください

推薦店：mist ∞（ミスト）

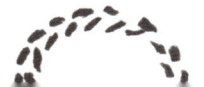

# 伊藤《いとう》 丈浩《たけひろ》

陶器

| ジャンル | スリップウェア・ソーダ釉 |
| --- | --- |
| アイテム | 皿・マグカップ・鉢 |

泥を使い装飾を施す
スリップウェア。
その人気を牽引する
作家である伊藤さん。
モダンでありながら
素朴な存在感に溢れる
うつわは、進化する
現代の民藝品です。

プロフィール

1977年千葉県銚子市生まれ。21歳で栃木県益子町に移住し製陶所に勤務。のちに渡米し、各地の陶芸家を訪問。帰国後、日本の窯業地を見聞し、2006年に栃木県益子町にて独立。

itomashiko.exblog.jp

itomashiko

店 **001 , 041 , 051**

推薦店：mist ∞（ミスト）

# 寺村《てらむら》 光輔《こうすけ》

| ジャンル | 陶器 |
| --- | --- |
| ジャンル | 飴釉・灰釉・糠青磁釉・黒釉・瑠璃釉・泥並釉・うのふ釉・白釉 |
| アイテム | 皿・鉢・マグカップ |

益子の伝統的な
釉薬や土を用いて、
現代の暮らしに寄り添う
うつわを作る寺村さん。
地のものを材料にした
オリジナルの釉薬が
独自の色合いを生み出します。

プロフィール

1981年、東京都生まれ。2004年、法政大学経済学部を卒業。益子 若林健吾氏に作陶を学ぶ。2008年、益子町大郷戸に築窯し独立。

kousuketeramura.com

kousuke.teramura

店 051

推薦店：mist ∞（ミスト）

# 阿部《あべ》 慎太郎《しんたろう》

半磁器

ジャンル　タタラ成形

アイテム　皿

「100年後でもアンティークとして通用するものを」との思いを持つ阿部さん。模様が彫られた石膏型に型押しする手法で可憐なレリーフのあるプレートが生み出されます。

プロフィール

1985年、香川県高松市生まれ。駒澤大学文学部在学中に陶芸を始め、卒業後は茨城県工業技術センター窯業指導所 釉薬科にて学ぶ。修了後はそのまま独立し、笠間にて制作している。

pottershin.exblog.jp

shintaro_abe

店 **025 , 035 , 087 , 094**

推薦店：コハルアン

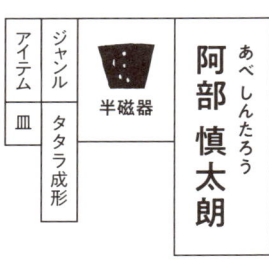

 阿部慎太朗

花虎窯《はなとらがま》

# 武曽 健一《むそ けんいち》

陶器

| | |
|---|---|
| ジャンル | 印花・絞手 |
| アイテム | カップ・皿 |

ひとつひとつ手押しされた
印花の可愛いカップに
釉薬のにじみが美しい
古陶磁のような絞手の皿。
多彩で豊かな表現が
武曽さんの魅力です。

プロフィール

福井県坂井市丸岡町生まれ。2008年、福井県窯業指導所に入所。日本六古窯のひとつである越前焼の窯元で働いたのち、2012年に独立。越前町にて花虎窯を開く。

musoken1.blogspot.com

musoken1

店 **003 , 014 , 066 , 068 , 081 , 087**

推薦店：コハルアン

花虎窯
武曽健一

# 土本《どもと》 訓寛《みちひろ》・久美子《くみこ》

陶器

| ジャンル | 象嵌・焼締め |
| --- | --- |
| アイテム | 急須・皿・湯呑 |

越前にて制作を行う土本ご夫妻。古陶器の存在感にどこかチャーミングさもただよう象嵌作品は、訓寛さんが造形し久美子さんが三島手の技法で装飾を施します。

プロフィール

土本訓寛／1979年、福井県出身。岡山県吉備高原学園高校にて備前焼を学ぶ。
土本久美子／1976年、広島県生まれ。宝塚造形大学にてビジュアルデザインを学ぶ。ともに福井県工業技術センター窯業指導所を修了。日本六古窯のひとつである越前で制作を行う。

www.facebook.com/michihiro.domoto

michihiro.domoto

店 014 , 065 , 087

推薦店：コハルアン

# 冨本 大輔《とみもとだいすけ》

半磁器
せっ器

ジャンル　染付・上絵付・灰釉

アイテム　皿・鉢・蕎麦猪口

刷毛を使ってぐるりと
描かれたシンプルな古典柄。
そこに灰釉を掛けた
落ち着いた風合いが
冨本さんの魅力。
粘土中の鉄分が
浮き上がった鉄点も、
温かみを感じさせてくれます。

プロフィール

1973年、愛知県常滑市生まれ。愛知大学経営学部を卒業後、信用金庫に就職。1998年退社し、生家が窯元だったこともあり、焼き物の制作を開始。現在愛知県常滑市にて活動中。

**店 013 , 048 , 059 , 087 , 089**

推薦店：コハルアン

## 池本窯《いけもとがま》

# 池本《いけもと》 惣一《そういち》

磁器

| | |
|---|---|
| ジャンル | 白磁・染付 |
| アイテム | 皿・鉢・花器 |

古い朝鮮白磁を彷彿とさせる
シンプルでおおらかな
白磁の花器に
ユーモラスな染付の皿。
素朴で大胆、そして
どこか愛嬌のある
池本さんのうつわ。

プロフィール

1979年、愛媛県伊予郡砥部町生まれ。2003年 立教大学文学部を卒業。家業を継ぐ形で砥部焼の制作を開始。登り窯「もぐらの窯」を運営している。

moguranokama.com

so1nko

店 087

推薦店：コハルアン

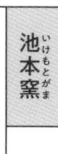

# 小林《こばやし》 裕之《ひろし》・希《のぞみ》

ガラス

| ジャンル | 吹きガラス |
| --- | --- |
| アイテム | グラス・ボウル・皿 |

京都伏見にて
ガラスのうつわを
手がけている
小林さんご夫妻。
表面がゆらゆらと
ゆらいだ六角グラスは
レトロな佇まいも
感じさせます。

プロフィール

1999年、東京ガラス工芸研究所を卒業。2001年京都伏見に吹きガラスをメインとした工房を設立。2017年より、2人でひとつのデザインを制作するスタイルを取り入れる。「佇まいのある作品」をめざし日々制作を行っている。

www.kobayashi-hiroshi.com

kobayashi_glass_works

店 016 , 087 , 091 , 100 , 101

推薦店：コハルアン

# SAKATA《サカタ》 GLASS《グラス》 WORKS《ワークス》

## 坂田《さかた》 裕昭《ひろあき》

ガラス

| | |
|---|---|
| ジャンル | 吹きガラス |
| アイテム | グラスなど テーブルウェア全般 |

白いガラスと銀箔が
生み出す「雅」シリーズに
「ななこ文様」を施した
色彩豊かなフリーカップ。
ときにきらびやかに、
ときに愛らしく。
坂田さんのガラスは
多彩な表情を見せてくれます。

プロフィール

1973年生まれ。1994年 阿佐ヶ谷美術専門学校を卒業。2004年 富山ガラス造形研究所造形科を卒業し、富山ガラス工房に勤務。2007～2009年 なないろKANガラス工房に勤務し現在は、フリーのガラス作家として富山にて制作を行う。

www.facebook.com/hiroaki.sakata.92

hiroakisakata

店 016 , 026 , 027 , 061 , 087 , 090

推薦店：コハルアン

# 白岩焼《しらいわやき》 和兵衛窯《わへえがま》

## 渡邊《わたなべ》 葵《あおい》

陶器

| | |
|---|---|
| ジャンル | 白岩焼 海鼠釉（なまこゆう） |
| アイテム | 皿・豆皿・マグ アクセサリー |

秋田産の赤い土に深く青白い海鼠釉が印象的な白岩焼。伝統的な技術を受け継ぎながらも渡邊さんならではのスタイリッシュさが光ります。

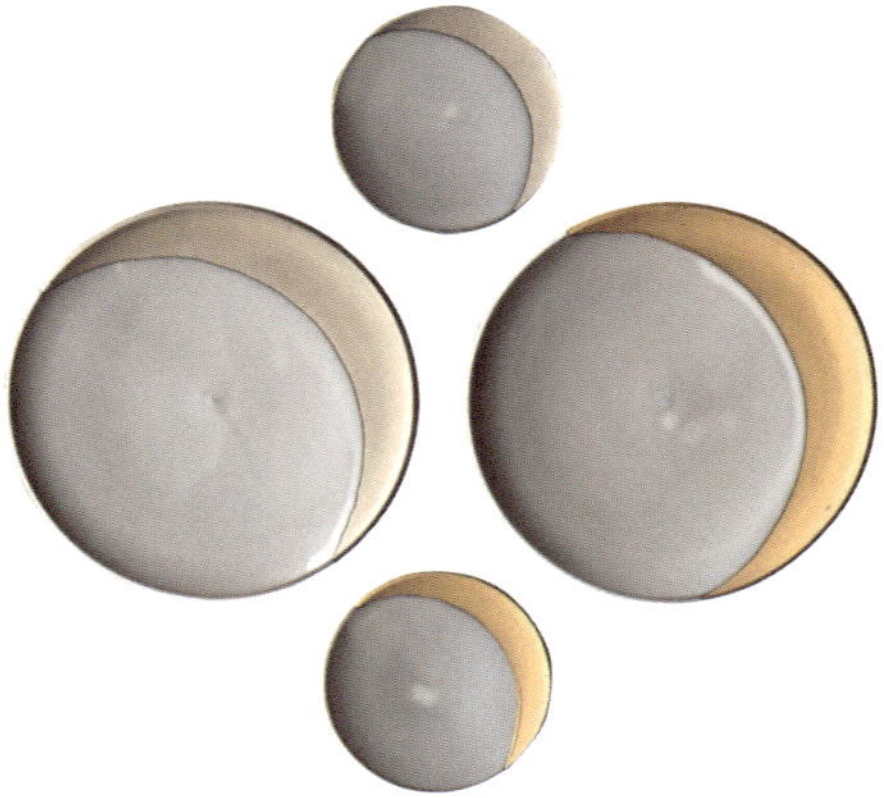

プロフィール

1980年、秋田県仙北市角館町生まれ。2005年 岩手大学大学院教育学研究科（美術工芸）修了後、父・敏明氏に師事。2009年、京都府立陶工高等技術専門校研究科修了。2011年、和兵衛窯にて制作を開始。秋田ならではの土と釉薬で、うつわ、陶製アクセサリー制作している。

www.aoiwatanabe.com

aoiw.w.w

店 013 , 082 , 087

推薦店： コハルアン

白岩焼 和兵衛窯
渡邊葵

245《ニヨンゴ》 studio《スタジオ》

# 矢萩《やはぎ》 誉大《たかひろ》

磁器

ジャンル　白磁・銀彩

アイテム　カップ・ボウル・プレート

雪国山形の澄んだ空気と
静寂さを感じさせる
矢萩さんの白磁。
きめ細かく
なめらかな肌合いは、
まるで薄く凍った土が
そのままうつわに
なったような繊細さです。

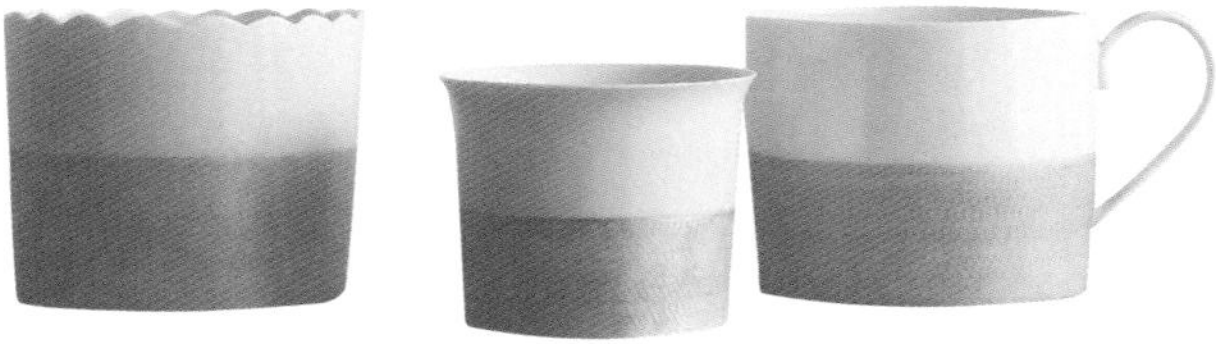

プロフィール

1986年、山形県生まれ。東北芸術工科大学、同大学院にて陶芸を学ぶ。展覧会・個展にて受賞多数。2013年、NPO法人山形県デザインネットワーク勤務、2014年、山形工業高等学校非常勤講師となる。2017年より陶芸家1本での活動をスタートし山形県にて活動中。

www.takahiroyahagi.com

yahagitakahiro

店 007 , 019 , 052 , 077 , 087 , 092

推薦店：コハルアン

245 studio
矢萩誉大

# chakka《チャッカ》-chakka《チャッカ》.《ドット》j《ジェイ》p《ピー》

## コウノストモヤ

木工

ジャンル　木工

アイテム　皿・カッティングボード　盆・カトラリー

なめらかに磨かれた
有機的なスプーンに
木目をじっくり味わえる
大判のプレート。
手作業でありながら
精巧さが際立つ
コウノスさんの
木のうつわ。

プロフィール

1977年、生まれ。木工家。アンティーク家具店にて、家具製作と修復を学ぶ。2011年、「chakka-chakka.jp」を設立。家具の制作と並行してテーブルウェアも多数手がけている。

www.chakka-chakka.jp

chakkachakkajp

店 087

推薦店：コハルアン

chakka-chakka.jp
コウノストモヤ

# 村上《むらかみ》修一《しゅういち》

木工
漆器

| | |
|---|---|
| ジャンル | 漆塗 |
| アイテム | 椀・箸・盆 |

敷居が高くなりがちな
漆器を普段使いに。
木地を生かした塗りが美しい
村上さんの漆器は、
使うほどに味わいの出る
耐久性も魅力のひとつ。
壊れたら修繕もできる
一生もののうつわです。

プロフィール

1970年、福島県いわき市生まれ。青年海外協力隊としてタンザニアに滞在。2000年、会津漆器技術後継者養成所 塗り専攻にて学び、伝統工芸士儀同哲夫氏に師事。2004年、独立。貴重な国産漆の漆掻きも手がけるほか漆器修復も行う。

店 087

推薦店：コハルアン

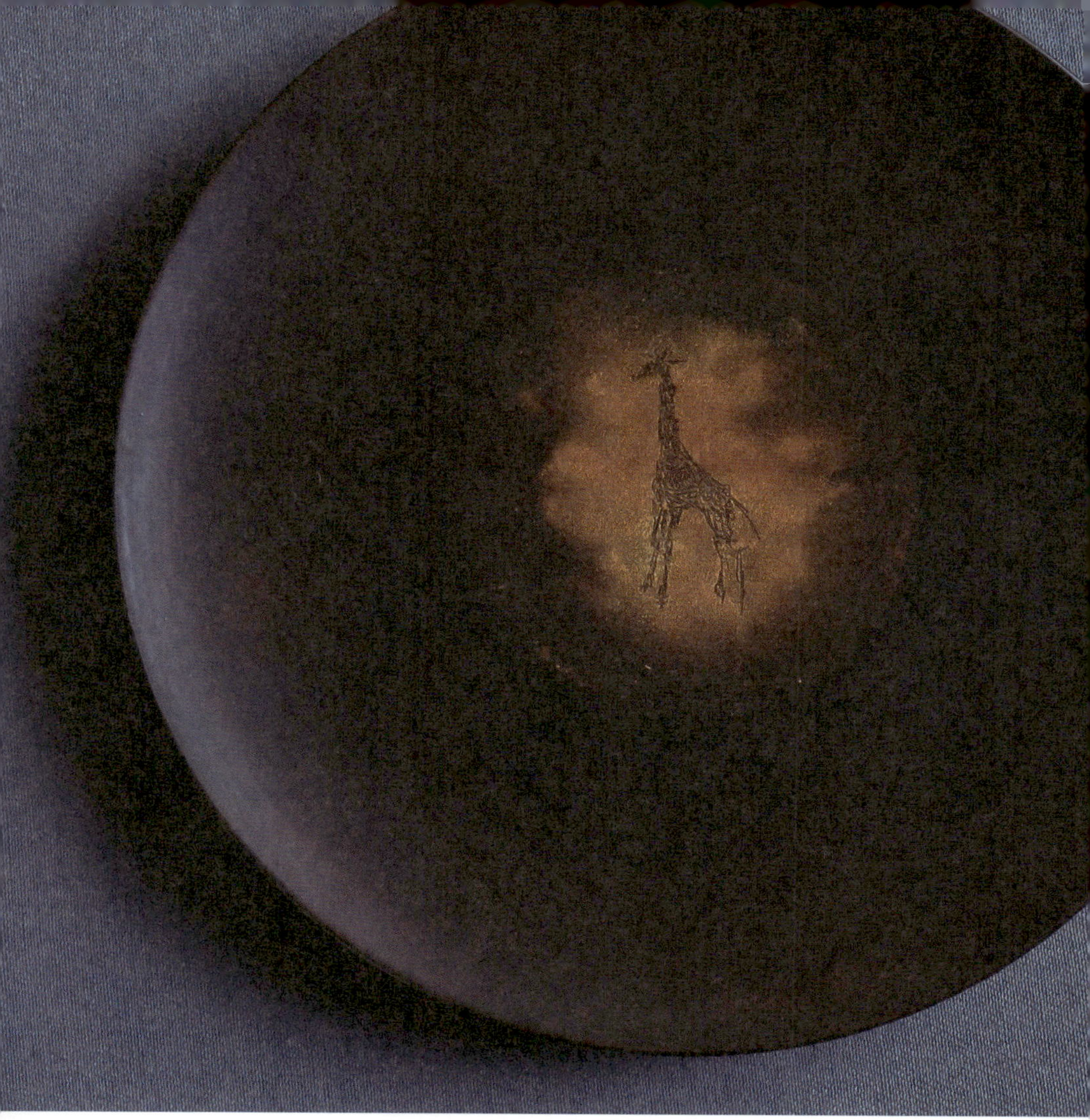

# 廣川温《ひろかわあつ》

陶器

| ジャンル | 粉引・耐熱器 |
| --- | --- |
| アイテム | 皿・カップ・鍋 |

直火にかけたアツアツの
グラタンやドリアを
そのまま食卓へ…。
そんなシーンがうかぶ
廣川さんの耐熱器。
寒い冬の日の食卓を
あたたかにしてくれます。

プロフィール

1984年、滋賀県生まれ。2008年、多治見市陶磁器意匠研究所技術コースを修了し、土岐市内製陶所に勤務。2012年、信楽窯業技術試験場素地釉薬コースを修了。現在は益子にて制作を行っている。

atsu-hirokawa.tumblr.com

atsu_hirokawa

店 008 , 015 , 031 , 042 , 063 , 087

推薦店：コハルアン

廣川温

## 山下《やました》陶房《とうぼう》

# 山下《やました》 秀樹《ひでき》

陶器

| ジャンル | アイテム |
| --- | --- |
| 銀化天目 | 皿・鉢・椀・カップ |

鉄分を含んだ釉薬と独自の焼成法によりいぶし銀のような光沢を放つ、山下さんのうつわ。一枚一枚異なる表情を見せる「銀化天目」はすべてが一点ものです。

プロフィール

1992年、桑沢デザイン研究所にてインテリアデザインを学び、卒業。その後、佐賀県立有田窯業大学校にてろくろを学び、伊集院真理子工房に入門。試行錯誤のすえ、いぶし銀の独自な世界を生み出す。

**店** 042 , 087

推薦店：コハルアン

工房禅《こうぼうぜん》

# 横田《よこた》 翔太郎《しょうたろう》

磁器

ジャンル
染付・白磁・型打ち

アイテム
皿・椀・カップ

有田焼の「工房禅」二代目である横田さん。伝統的な「呉須絵具」を使った染付の筆跡はじんわりとにじんで素朴な美しさを生み出しています。

プロフィール

初期伊万里のような染付を得意とする「工房禅」の二代目。2005年、有田工業高校セラミック科を卒業し、光学ガラス会社に勤務。2016年有田窯業大学校ろくろ科を卒業し工房禅にて作陶を行う。

www.koubo-zen.jp

koubo_zen

店 087

推薦店：コハルアン

## 竜同窯《りゅうどうがま》

# 宮田 竜司《みやたりゅうじ》

陶器
磁器

| | |
|---|---|
| ジャンル | 飴釉・白釉・灰釉 |
| アイテム | 皿・小鉢 |

「食材が盛られたとき
うつわは完成するもの。
でもうつわ単品でも
愛でたくなるものを」
と話す宮田さん。
手で削り出される
凛としたフォルムが
存在感を放ちます。

プロフィール

1999年、高内秀剛氏に師事し７年間修業。2006年 益子にて独立し築窯。2012～2017年 国展入選、2015年 、栃木県芸術祭奨励賞受賞。益子にて作陶している。

kozikozi14tatumi

店 008 , 010 , 015 , 021 , 024
041 , 046 , 053 , 077 , 087

推薦店：コハルアン

# 矢口桂司《やぐちけいじ》

陶器

| ジャンル | アイテム |
| --- | --- |
| 呉洲釉・飴釉<br>益子青磁釉・黄釉 | オーバル皿・鉢<br>マグ・杯 |

ターコイズブルーに
やわらかな黄色。
深い緑に、飴釉の茶。
こだわりの益子の白土に
つややかな釉薬をかけた
カラフルで使いやすい
矢口さんのうつわ。

プロフィール

1974年、栃木県宇都宮市生まれ。栃木県窯業指導所にて学ぶ。その後、坂田甚内氏に師事。2006年、益子町に隣接する栃木県芳賀郡市貝町にて窯を構える。

ameblo.jp/san-bou-mu-zai

keijiyaguchi

店 **049 , 053 , 073 , 087**

推薦店：コハルアン

池田 大介《いけだだいすけ》

陶器

| ジャンル | 三島手(みしまで) 粉引・刷毛目 |
| --- | --- |
| アイテム | 皿、鉢・カップ |

うつわ全体に施された印象的なヘリンボーン。表面を削り、白い化粧土を埋め込んで作られた模様はどんな食べ物にも驚くほど調和します。

プロフィール

1979年、新潟県に生まれ東京にて育つ。2001年玉川大学文学部芸術学科陶芸専攻卒業。2002年、滋賀県立陶芸の森スタジオアーティストとなる。(株)羅工房の信楽陶房を経て2007年より東京都町田市にて制作。

www.ikedadaisuke.com

daisukeikeda.potter

店 023，054，087

推薦店：コハルアン

# 3

# うつわ選びが楽しくなる基礎知識

## その一

### うつわをもっと知りたくなったら

うつわは気に入ったものを自由に使えばいい…とはいえ、耳慣れない用語もたくさん出てきます。なんだか難しく聞こえがちですが、知っておくと、うつわ選びがもっと楽しく、深く、豊かになります。ギャラリーの店員さんや作家さんとお話する機会があっても臆することなく楽しめることでしょう。

うつわをもっと楽しむための、覚えておきたい基礎知識をお伝えします。

監修：P146〜171
「暮らしのうつわ 花田」
店主 松井英輔さん

# うつわの大きさ

和食器は、直径を寸または号で表します。一寸（号）は3・03㎝。約3㎝と覚えておくと「6寸皿はだいたい直径18㎝くらいだな」とイメージしやすくなります。

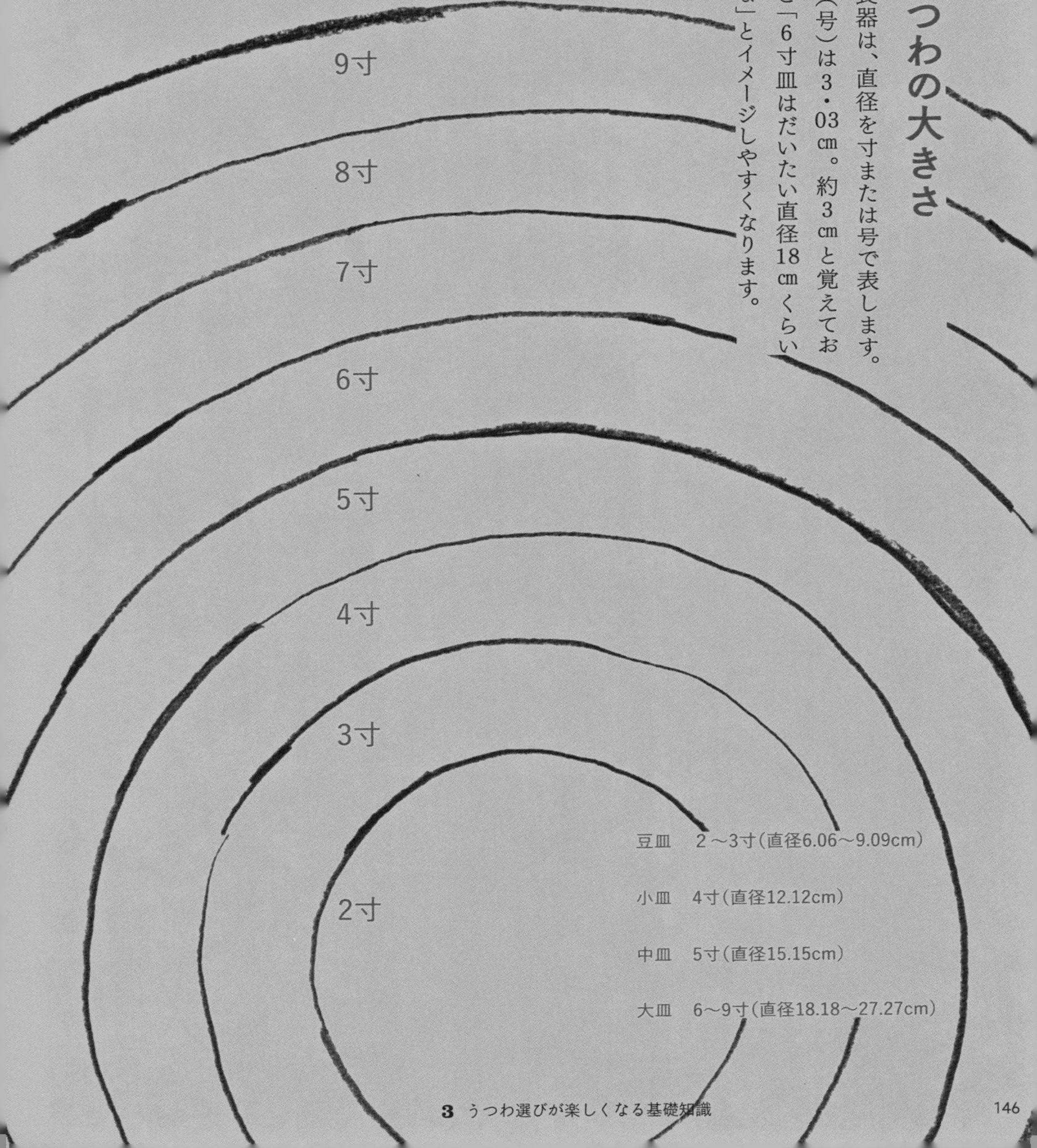


豆皿　2～3寸（直径6.06～9.09cm）

小皿　4寸（直径12.12cm）

中皿　5寸（直径15.15cm）

大皿　6～9寸（直径18.18～27.27cm）

## 部位の呼び方

うつわには、それぞれ部位ごとに呼び方があります。

### 口縁《こうえん》

口に直接あたる部分。口辺(くちべり)とも。リムプレートの「リム」はこの縁のこと。この部分で口あたりが変わります。

### 見込み

うつわの内側。お皿なら、メインの絵柄や文様が施される部分です。

### 胴

うつわの胴体。お茶碗や鉢はこの部分に絵柄が施されることが多いようです。

### 腰

胴の下部から高台脇までの部分です。

### 高台脇《こうだいわき》

高台外側の周辺部分です。

### 高台《こうだい》

うつわの底面。テーブルにつく部分です。茶の湯のお茶碗では、この部分の持ちやすさなど、そのでき具合が重視されます。

# うつわの形と名前

お皿に鉢は知っているけれど、大皿はどのくらいの大きさから？ 欲しいうつわのこの形は何という名前？ うつわの形と名前の分類をおさらいしましょう。

## 皿

丸いものは丸皿、平らなものは平皿、四角のものは角皿と呼びます。楕円のお皿は、オーバル皿とも。

### 豆皿

（3寸以下／直径約9cm以下）

調味料やちょっとしたおつまみを盛って。大皿の上にのせたり、箸置として使ってみても楽しい。

### 小皿

（4寸以下／直径約12cm以下）

醤油や小葱などの薬味、漬物や塩昆布をのせて。

### 中皿

（5～7寸／直径約15～21cm）

取り皿にぴったりなサイズ。副菜やケーキなら5寸、食パン1枚なら6寸、ひとり分のメインのおかずを盛るなら7寸が目安です。毎日の必須アイテム。

### 大皿

（8寸～／直径約24cm～）

メインディッシュをダイナミックに盛り付けて。8寸ならホールケーキやパスタ、ワンプレートにもぴったり。9寸皿があるとホームパーティーでもテーブルの華となります。

# 鉢

見込みに深さのあるうつわ。
洋食器では、ボウル。
角形は角鉢と呼ばれます。

## 小鉢

（４寸以下／直径約12cm 以下）
きんぴらごぼうやひじき煮など、
副菜を盛って。

## 中鉢

（５～６寸／直径約15～18cm）
浅いものは取り皿に、深いものは
お浸しなど汁気のあるおかずを
のせて。

## 大鉢

（８寸～／直径約24cm ～）
人寄せのときに活躍。おばんざい
のように、肉じゃがやふろふき大
根など、汁物を大胆に盛って。

## 椀《わん》

### 汁椀

汁物を入れるためのうつわ。日本では、漆のお椀を使うのが一般的。飯碗と同じく、手に持つうつわなので、手のひらに合った形とサイズを選びたい。

### 飯碗

お米を盛るためのうつわ。“お茶碗”とも呼ばれるのは、もともとお茶を飲むためのうつわとして作られたため。後にお米を盛るようになった。

### 丼

飯碗をさらに大きくしたうつわ。親子丼、お茶漬け、うどんやラーメンなどの麺類にもぴったり。

---

## 茶器

### 湯呑

持ち手がない茶碗。お湯が冷めにくいよう、細長く作られている。

# カップ類

## マグカップ

深さのある胴に持ち手を付けて。おうちやオフィスで、コーヒーや紅茶を注いで。

## カップ＆ソーサー

浅めの胴に持ち手を付け、受け皿とセットに。お客様向け。

## フリーカップ

持ち手がなく、用途も和洋のジャンルも自由。スープを注いだり、スイーツを盛っても。

## 蕎麦猪口《そばちょこ》

蕎麦つゆを入れるためのうつわ。お茶を注いだり、小鉢としても使うことができる。

---

## 急須

胴に注ぎ口と取っ手が付いている日本茶をおいしくいれるための道具。

## くみ出し

広口の小さな茶碗。昆布茶や桜湯に。

# 酒器

## 徳利

首の部分がしまっている、日本酒を注ぐための容器。注ぐときに"とくり、とくり"というのでこう呼ばれるように。別名は銚子。

## 猪口・ぐい呑

日本酒を飲むためのうつわ。口が広く底にかけてすぼまっているものを猪口、猪口よりも大きなうつわをぐい呑みと呼ぶことが多い。

## 片口

取っ手がなく、液体を移し替えるための注ぎ口が付いている。お浸しなど、おかずを盛っても趣がある。

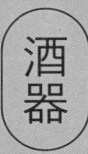

## 花器

### 花入れ

花を活けるためのうつわ。

### 一輪挿し

一、二輪の花が付いた枝を挿すのに適した小さな花瓶。

## 水差し

### ピッチャー＆デキャンタ

持ち手の付いた水差し。小さなものはミルクを入れて、中くらいのものはドレッシングを入れて。大きなものは花器にしても映える。

## 鍋

### 土鍋

じっくりと火が通るため素材のうまみを引き出し、お料理がひときわ滋味深く仕上がる。耐熱性が高いので、でき上がりをそのまま食卓へ。お米も、ふっくら炊き上がる。

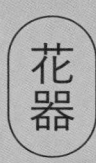

# グラス

## タンブラー

底が平たいコップ。水やアイスティーを注いで。

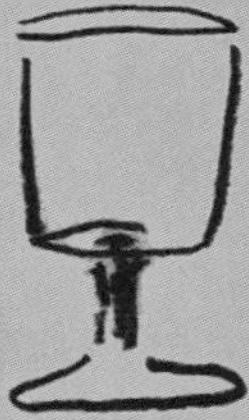

## ゴブレット

タンブラーに足が付いたもの。水やビールなどを注いで。

## ステムグラス

足が付いたグラス。ワイン、シャンパンなど、それぞれのお酒の味が引き立つよう、口径の広さや大きさ、持ちやすさ、形に工夫が凝らされている。

## ショットグラス

ウィスキーなどを飲む、ひと口大のグラス。

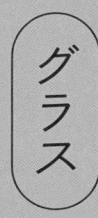

## 盆

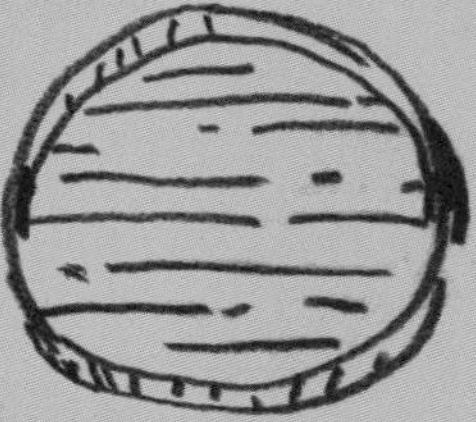

### トレイ・盆

物をのせるうつわ。お椀や小鉢をのせて食事に、茶器とお菓子をのせてティータイムに。

### カッティングボード

まな板。風合いのあるものなら、お皿としても活躍。パンやチーズをのせて、そのまま食卓へ。

## カトラリー類

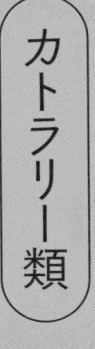

### カトラリー

洋食のための刃物類。ナイフ・フォーク・スプーンなど。

### 箸

木材や竹でできたものが一般的。漆を塗られた塗り箸、金属や象牙、プラスチック製も。個人用のほか、菜箸、取り箸などがある。

### 箸置き

箸を置くためのうつわ。さまざまな素材やモチーフを集めて。

### レンゲ

中華料理のためのさじ。うつわに口を付けない食文化で生まれたもの。

# うつわの素材

焼き物は、土を練って形を作り、焼き固めたものです。土の材質によって大きく陶器と磁器に分かれます。また、木や漆、ガラスといった素材でできたうつわもあります。

## 陶器

材料は、自然に採れる粘土。
「土もの」と呼ばれます。
釉薬をかけ、1200度前後で焼成する
日本に伝わる焼き物。
釉薬をかけないものを焼き締めと呼びます。

ざらざらしている

厚手

吸水性が高く、乾きにくい。汚れがつきやすい

重い

熱しにくく、冷めにくい

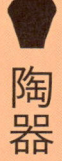

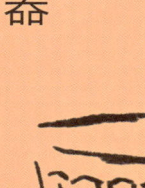

つるつるしている

薄手

水を吸わず、乾きやすい。汚れがつきにくい

軽い

熱しやすく、冷めにくい

## 磁器

材料は、山から採れる陶石と土。
「石もの」と呼ばれます。
釉薬をかけ、およそ1300度の高温で焼成する
中国から伝わった焼き物。
軽くはじくと、金属質の音がします。

# 木工

木工は、木を彫り、削って形作るものです。材料は、樹木。欅(けやき)、栃、水目桜、栗、黒檀(こくたん)などに加え、最近は欧米など、海外の木材も増えてきました。木によって風合いも変わります。機械や手彫りでうつわや盆にしたり、くりぬいてスプーンなどのカトラリーにしたり。趣のあるカッティングボードにも。

軽い

熱が伝わりにくい

加工によっては匂いを吸収しやすいので、生ものをのせる場合は注意を

表面が乾いたときは、えごま油などをなじませて艶を出す

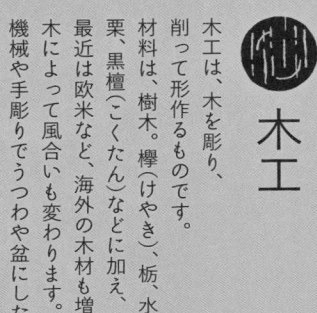

水をはじき、乾きやすい

熱の変化に弱い

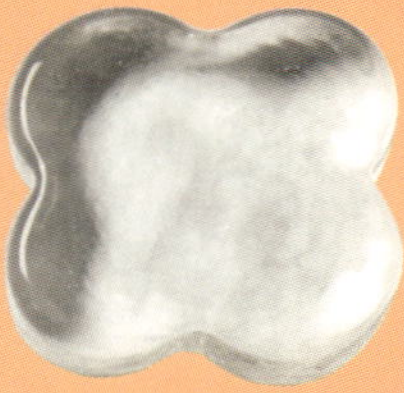

## ガラス

ガラスは、3つの原料を混ぜ、
溶かし、形作るものです。
石を細かく砕いた珪砂（けいさ）、
草木を燃やしてできるソーダ灰、
それに石灰を組み合わせ、
高温で溶かします。
金属の管に巻き取り、
息を吹いて成形したものを「吹きガラス」、
さらに彫刻や切り込み細工をしたものを
「カットグラス」と呼びます。

# 漆器

木地に、漆を塗り重ねたもの。
材料は、漆の木から採れる樹液です。
強度を高めるため、
何重にも塗り重ねて仕上げていきます。
砥石(といし)で磨く工程を繰り返して仕上げます。
国産漆の自給率はわずか3％。
そのうちの7割が
岩手県二戸市の浄法寺で採取され、
国宝や美術品の修復にも用いられています。
シンプルな浄法寺塗、
木目を強調する鎌倉彫、
装飾的なものに象徴される京漆器や輪島塗など
表現方法はさまざま。

しっとりしている

軽い

熱が伝わりづらく、冷めにくい

# 釉薬《ゆうやく》とは

釉薬は、焼き物の表面を覆うもので、うわぐすりとも呼ばれます。

うつわ表面の見栄えや手触りを支え、水分や汚れ、衝撃から守る役割もあります。

原料は、自然の鉱物や灰。焼成するとガラス質に変化します。配合や原料の組み合わせ方次第で、色合いや風合いは無限大。

うつわ全体を釉薬に浸す方法だけでなく、刷毛等で部分的に塗ったり、流しかけたりすることで装飾の役割も果たします。

### 透明釉《とうめいゆう》

主原料は、長石と灰。ガラスのように無色透明に仕上がる。白磁など生地の白さを強調したいときや、下絵の仕上げに。

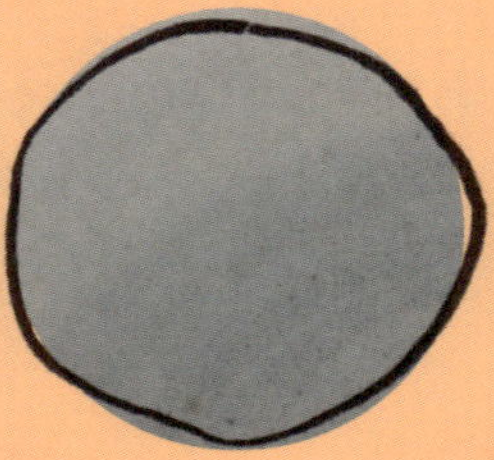

### 灰釉《はいゆう》

主原料は、草木などの灰。灰の種類によって色味は異なるが、全般的にあわくやさしい風合いに仕上がる。

### 青磁釉《せいじゆう》

灰釉に酸化鉄を加えたもの。還元炎焼成して青緑色に、酸化がかかると黄褐色から黄色に。

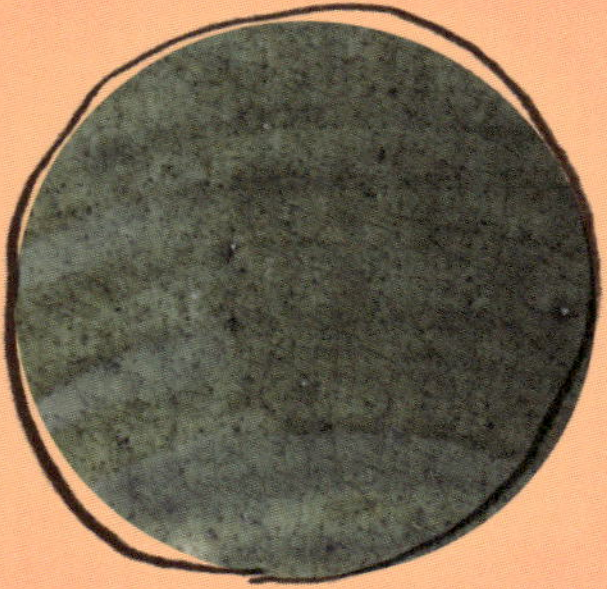

## 織部《おりべ》釉《ゆう》・緑《りょく》釉《ゆう》

主原料は、灰釉と少量の銅。酸化炎焼成すると、濃い緑色に発色する。

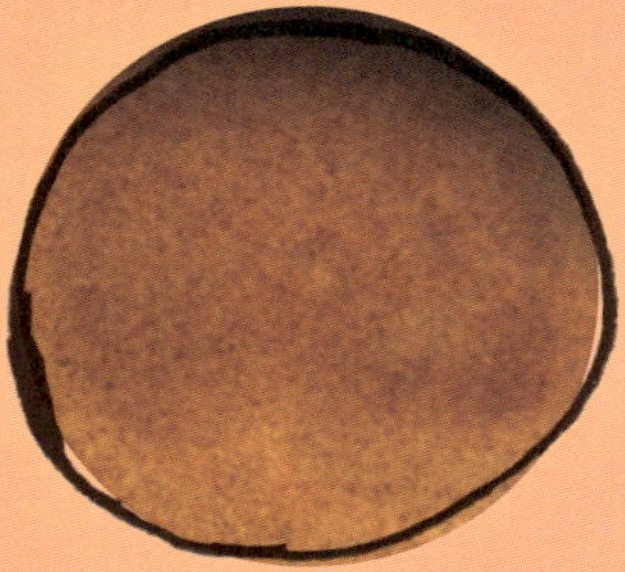

## 飴《あめ》釉《ゆう》

主成分は鉄。酸化炎焼成すると、茶褐色や黒系のつややかな飴色に。うっすらかければ、萌黄色に。

## 海鼠《なまこ》釉《ゆう》

青白い斑紋が海鼠のように見えることから名付けられた。不透明であることも特徴。

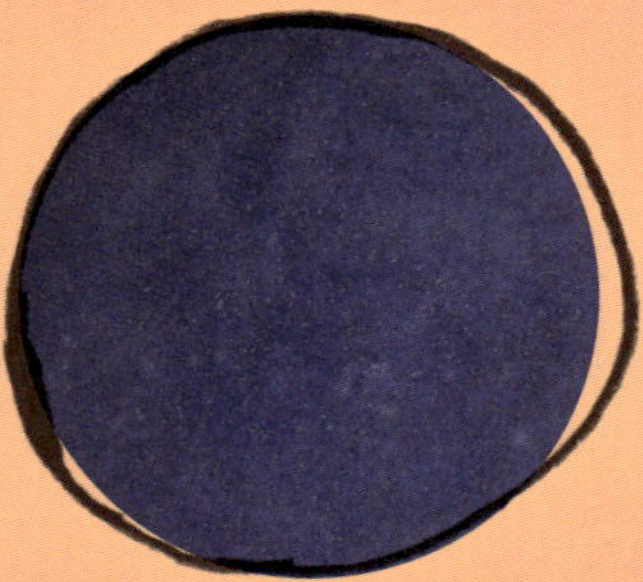

## 瑠璃《るり》釉《ゆう》

主原料は透明釉に酸化コバルトを加えたもの。深く鮮やかなブルーの発色が特徴。

※酸化炎焼成(さんかえんしょうせい)
窯で完全燃焼させ、酸素と釉薬の成分を結び付ける
※還元炎焼成(かんげんえんしょうせい)
窯で酸素が足りない状態で不完全燃焼させ、釉薬に含まれる酸素を取り除く

# 景色《けしき》とは

焼き物は「火にゆだねて」仕上がるといわれます。ある程度完成の形を想定して成形し、釉薬をかけますが、素材となる土は自然のもの。また火を完全に管理することは難しいので、焼成時に、土の中に含まれる成分が思いがけない形で活かされたり、釉薬も、酸素の入り具合で、想定以上の変化を遂げるときがあります。炎による表情や風合いを景色と呼びます。均一ではない味わいや、手作りならではの風合いも、陶磁器の楽しみのひとつです。

## 釉《うわぐすり》だれ

釉薬が焼成中に流れ出してできる跡。

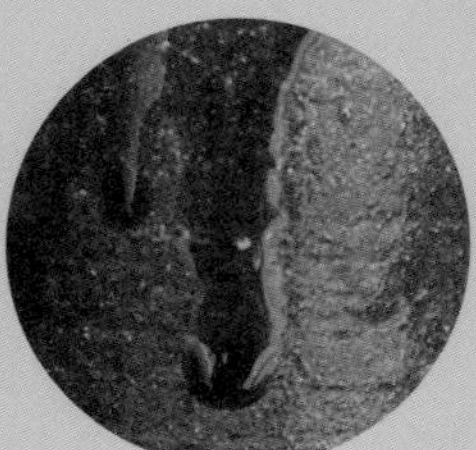

## 貫入《かんにゅう》

高温で焼き、冷やすことで生じる細かいヒビ。

## 鉄粉《てっぷん》

釉薬の鉄分からできる褐色の点。

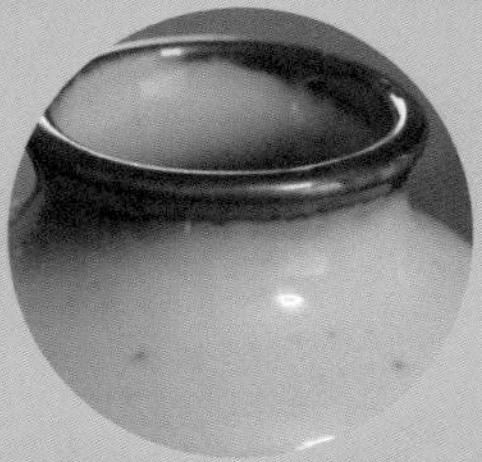

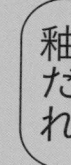

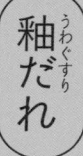

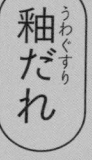

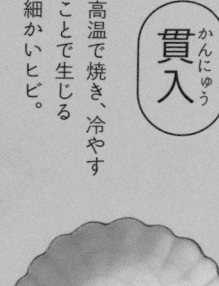

# 絵付とは

絵付けは、素地に絵や文様を描く技法で、大きく下絵付と上絵付に分かれます。

## 下絵付

成形した素地に顔料で絵を描き、透明の釉薬をかけて高温で焼きます。

### 染付

コバルトの顔料・呉須（ごす）で描き、焼成して藍に変化したもの。青花（せいか）とも。

# 上絵付

釉薬をかけて焼成した後、色絵の具を施し、800℃前後で焼きます。

## 色絵

赤・緑・黄・紫・青などの上絵具で絵を描いたもの。赤絵とも。

## さまざまな技法

絵付け以外にも、さまざまな装飾技法があります。また、色を付けたり形を作る技法も。本書に登場するものを中心に解説します。

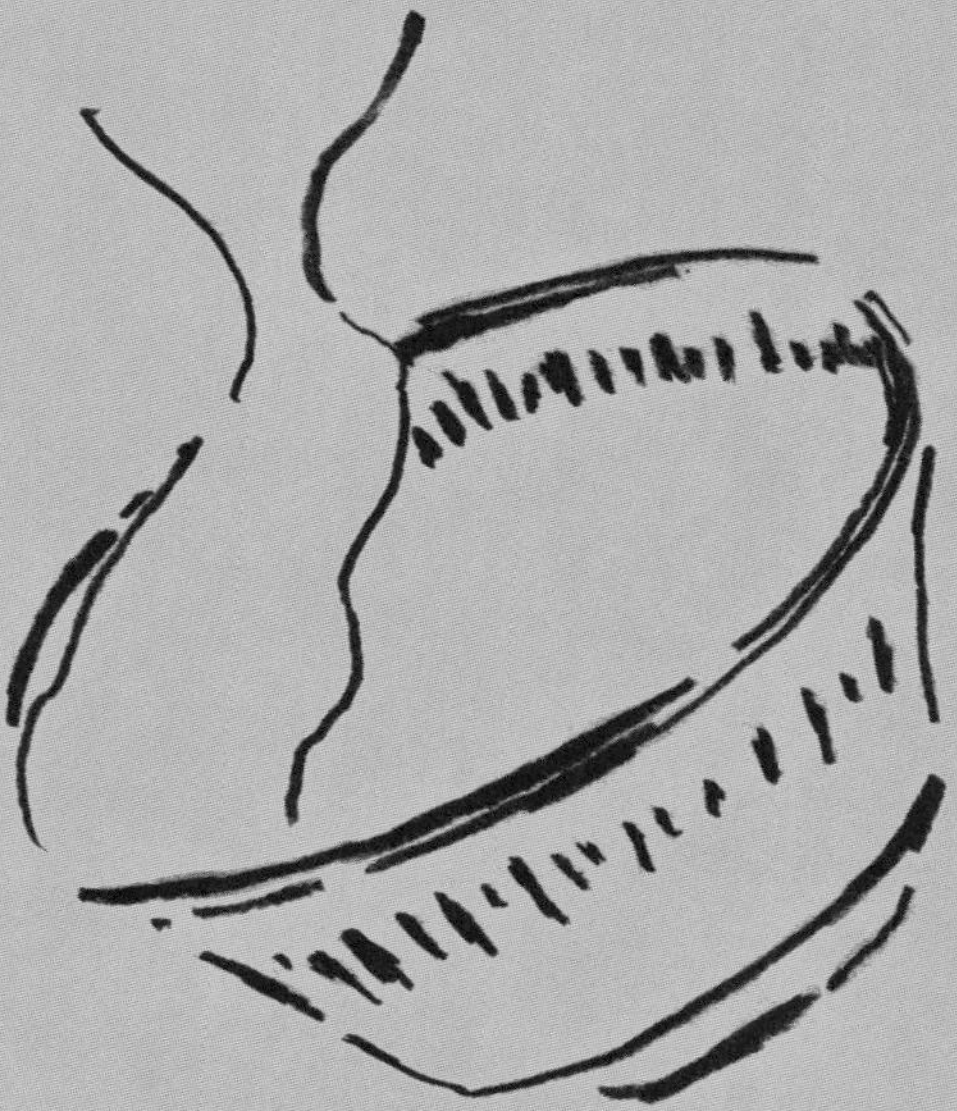

### 色を付ける技法

#### 化粧掛け

色の異なる種類の土をかけること。暗い色の土の発色を良くするために白い泥漿(でいしょう)をかけたりする。

#### 粉引《こひき》

化粧掛けの中でも、白い泥漿を全体にかけ、透明釉をかけたものを粉引と呼ぶ。

#### 鉄絵

鉄の顔料・砂鉄で描き、焼成することで黒や褐色に変化したもの。

#### 三彩《さんさい》

2種以上の色釉を染め分ける方法。低火度で焼ける鉛釉を使う。異なる釉薬を分けて掛けることを掛け分けとも。

# 装飾する技法

## 刷毛目《はけめ》

化粧土を刷毛で塗る技法。

## しのぎ

うつわを形成したあとに、表面を彫刻刀のような道具で削って模様を付ける技術。

## 陽刻《ようこく》・陰刻《いんこく》

模様が浮き上がるように凹凸を付ける技法。

## スリップウェア

ヨーロッパの伝統技法。素地に、泥状の化粧土（スリップ）で装飾を施す。うつわのジャンルでもある。

## 印判《いんばん》

版画のように絵柄を転写して文様を付ける技法。

## 印花《いんか》

スタンプのように型を押し付けることで模様を付ける技法。

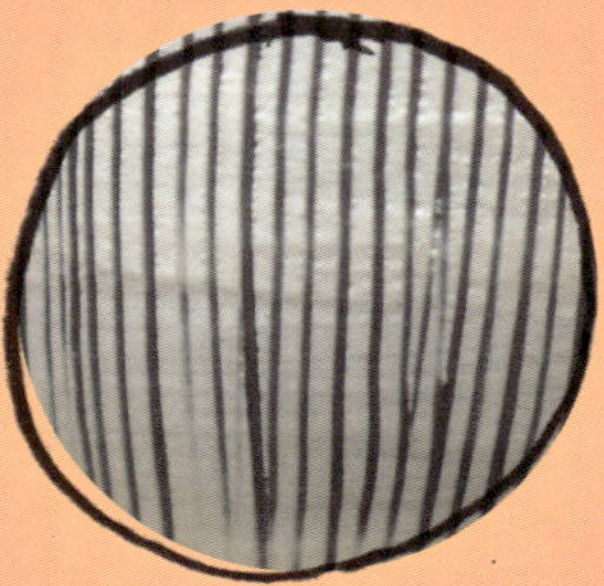

## イッチン(堆花《たいか》・筒描き)

土を絞り出しながら、うつわの表面に立体的な文様を描く。

## 櫛《くし》描き

櫛の歯で素地をひっかき、線を刻む。

## 飛びカンナ

うつわをろくろで回転させながら、カンナを当て、細かい模様を作る。

## 面取り

分厚く成形した器の側面を、カンナや針金で削り、面を作る。

## 蒔絵《まきえ》

漆器の表面に漆で絵柄や文様を描き、その上から金・銀・錫(すず)などの粉を蒔く日本の伝統技法。

## 銀彩・金彩

銀泥や金泥、銀箔や金箔を使った装飾技法。染付や色絵と組み合わせる金襴手(きんらんで)という技法も。

### 象嵌《ぞうがん》

うつわの表面に文様を彫った後、凹んだ部分に白土を埋め込み、釉薬をかけ焼成する。三島手（みしまで）も象嵌のひとつ。

### 掻《か》き落《お》とし

化粧掛けした後に、化粧土を掻き落として、線や面の模様を作る。

## 形を作る技法

### ロクロ成形［陶磁器］

回転するロクロに粘土を設置して手で押さえながら成形する技法。木材を加工する木工ロクロも。

### 手びねり［陶磁器］

電動ロクロや機械を使わず、手を使って成形する技法。自由に形作ることができる。

### 板作り・タタラ成形［陶磁器］

板作りは粘土で均一の厚さの板を作り、それを切ったり組み合わせたりして成形する技法。タタラ成形は粘土の板を石膏（せっこう）や木の型に押し当てて形成する技法。

### 型吹き［ガラス］

ガラス玉を金属や石膏などでできた型にはめることで成形する技法。

### 刳物《くりもの》［木工］

刃物で木を刳り抜いて作る技法。どんな形でも自在に作れる。

### 挽物《ひきもの》［木工］

木を木工用のロクロで回しながら、刃物で削って形を作る技法。

# 文様の種類

うつわに描かれている模様を「文様」と呼びます。
主に、日本人が身近に感じる草花や、縁起の良いモチーフが描かれています。

## トクサ

水辺に生える草のようなタテ縞の模様。

## 丸紋

円形の模様。丸の中に柄を入れたり、水玉のように並べたり。

## 市松模様

正方形を並べた格子模様。2色を交互に並べる。

## 文字《もじ》

文字を模様としたもの。「福」や「吉」といった吉祥文字が書かれることが多い。

## 青海《せいかい》波《は》

半円形を重ねて波を表した文様。染付で描かれることが多い。

## 唐草《からくさ》

植物のツタが絡み合う様子を曲線で表現した文様。生命力を感じさせることから子孫繁栄の縁起のよい模様とされる。

## 瓢《ひさご》

瓢＝ひょうたんの絵柄。子孫繁栄や無病息災の縁起物としてうつわに描かれてきた。

## 網目《あみめ》

漁で使う網目のように、曲線が交差する文様。古くからある伝統的な文様で、精緻で細かなものからゆったりと描かれたものまで

## 幾何学模様《きかがくもよう》

三角形や四角形などの多角形、円形などの図形を連続させて組み合わせて作られた模様。

## 花鳥《かちょう》

草花と鳥を合わせて描かれた文様。古くからうつわに描かれてきた。

## 唐子模様《からこもよう》

唐の童子を描いた人物の文様。中国風の髪型や服装で遊んでいる姿が描かれる。

# ギャラリーが今、おすすめする注目作家55人 その二

作家紹介パート2です。陶磁器をはじめ、漆器や木工、ガラスなど、さまざまな仕事を手掛ける作家さんをご紹介いただきました。サイトやSNS情報もまとめていますので、ぜひ最新情報を確認して展覧会や市に出かけてみてください。新しい楽しみが広がるはずです。

## 作家ものを探したり、使う楽しみ

うつわ作家さんの手によって生み出された「作家もの」。工業製品とは異なり、作家が自らの感性に従って作ったものです。同じように見える定番のお皿でも、1枚1枚、表情の違いがある「オンリーワン」であることも大きな魅力です。

何気なく手に取ったマグカップでも、作った人のライフスタイルや人となり、制作への想いや技術など、バックグラウンドを知ることで、うつわへの愛着が深まります。

そして今生きている作家を追うことは、時とともにおきる「作風の変化」を楽しむことでもあります。ぜひお気に入りの作家さんを見つけて、その仕事をフォローしてみてください。

推薦ギャラリー
P174～ 「暮らしのうつわ 花田」店主 松井英輔さん
P209～ 「うつわ ももふく」店主 田辺玲子さん

# 中町《なかまち》 いずみ《いずみ》

| ジャンル | アイテム |
|---|---|
| 磁器 | |
| 色絵・染付 | 皿・小鉢<br>カップ・箸置き |

スキーに雪山、熊に寅。楽しいモチーフを遊び心を持って描いた中町さんのうつわ。親しみやすく茶目っ気のある図案が人気です。

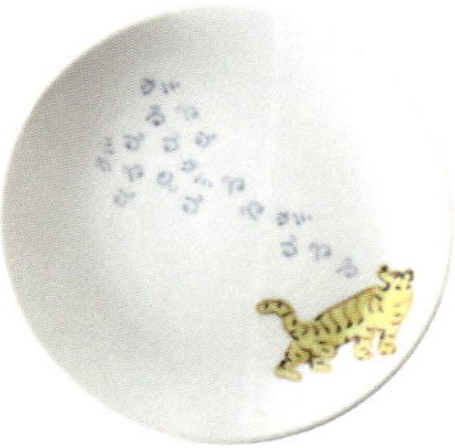

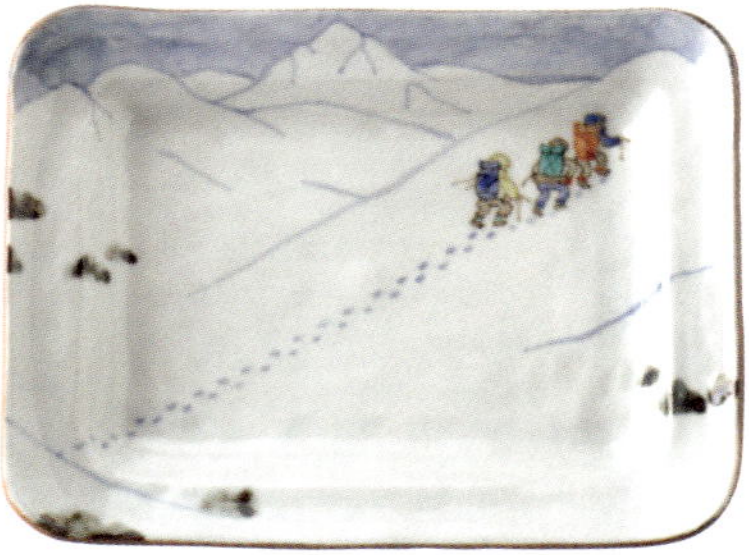

プロフィール

1976年、湘南生まれ。大学在学中に陶芸をはじめ、2002年、妙泉陶房にて山本長左氏に師事。2006年、石川県能美市にて独立し、現在は富山県富山市へ窯を移築して活動中。登山が好き。

n_i_ceramics

店 **029 , 078 , 093 , 094**

推薦店：暮らしのうつわ 花田

# 松本《まつもと》 郁美《いくみ》

磁器

| | |
|---|---|
| ジャンル | 掻き落とし |
| アイテム | 皿・カップ<br>高足鉢・高杯 |

模様を残して削る
「掻き落とし」で
のびやかに描かれた
動植物や文様。
あたたかさや
懐かしさを
感じさせるうつわです。

プロフィール

2001年成安造形大学造形デザイン学科環境デザイン科卒業。2018年、滋賀に工房を構える。中国の古陶器が持つ形や絵柄に強く影響を受ける。手描きにこだわり、描きだした表情の楽しさや、筆がはしる動き、躍動感を大切にしてる。

ikumi-ceramic.com

ikumi.matsumoto

店 031 , 066 , 094 , 098 , 099

推薦店：暮らしのうつわ 花田

# studio《スタジオ》 fujino《フジノ》

## 藤崎《ふじさき》 均《ひとし》

木工

| | |
|---|---|
| ジャンル | 木工 |
| アイテム | 角皿・丸皿 |

楢、欅、チェリーにウォールナット。様々な木材をセンス良く丁寧に仕立てた藤崎さんの木のうつわ。1つとして同じものがない木目の美しさを食卓に迎えましょう。

プロフィール

木工家具職人。日本大学芸術学部卒業後、(株)ヒノキ工芸入社。2001年渡伊。ミラノに工房を構え、特注家具を製作する。2007年、工房を日本に移し、陣馬山ふもとで、自然の豊かさの恩恵を受けながら、日々木と向き合っている。

studiofujino.com

studiofujino

店 **022 , 030 , 094**

推薦店：暮らしのうつわ 花田

studio fujino
藤崎均

# 矢島《やじま》 操《みさお》

| ジャンル | アイテム |
| --- | --- |
| 色絵・掻き落とし | 皿・鉢・ボウル・カップ |

磁器
半磁器

モノクロームで力強い
掻き落としや
やわらかな筆致の色絵。
さまざまな手法で
生み出される、
「物語のあるうつわ」。

プロフィール

1971年、京都生まれ。1994年、京都精華大学造形学部美術科陶芸卒業。2000年、滋賀県大津市比叡平にアトリエを移す。季節や場所にあったうつわ、物語を感じられるうつわ作りを心がけている。

misao_yajima

店 021 , 045 , 060 , 094

推薦店：暮らしのうつわ 花田

## 朝虹窯《あさにじがま》

# 余宮 隆《よみやたかし》

陶器

| | |
|---|---|
| ジャンル | 白濁釉・灰釉・刷毛目<br>粉引・飴釉・鉄釉 |
| アイテム | 皿・鉢・マグ・ポット |

自然豊かな天草で生まれた
余宮さんの世界。
しのぎが印象的な
カップやボウル。
西洋的なフォルムに
白濁釉や飴釉を施した
独自の質感が魅力です。

プロフィール

1972年、熊本県天草市生まれ。19歳で唐津で修行を始め、中里隆氏に師事。24歳で天草に戻り、天草丸尾焼で修行。30歳で工房と窯を築く。現在個展を中心に活動中。

asaniji.jp

yomiyatakashi

店 028 , 039 , 055 , 057 , 094

推薦店：暮らしのうつわ 花田

朝虹窯
余宮隆

# 伊藤《いとう》 聡信《あきのぶ》

陶器
磁器

| | |
|---|---|
| ジャンル | 印判・色絵・白磁 |
| アイテム | 皿・鉢・椀・カップ |

ハンコを押すように絵柄をつける「印判」を用いて生み出される伊藤さんの色絵。さまざまな国や時代を感じさせるオリジナルの世界です。

プロフィール

1971年、兵庫県生まれ。1996年、名古屋芸術大学美術学部デザイン科卒業。1999年、日本六古窯である愛知県常滑市に築窯。

ito-akinobu.com
itoakinobu

店 **011 , 017 , 035 , 062 , 094**

推薦店：暮らしのうつわ 花田

# 杉本《すぎもと》 太郎《たろう》

陶器

磁器

| | |
|---|---|
| ジャンル | 陶器 |
| アイテム | 茶碗・鉢・皿 |

「縞文」「丸文」や
「掛け分け」など
京都らしい品と
ユーモラスな
遊び心を感じさせる
杉本さんのうつわ。

プロフィール

1970年、京都生まれ。京都精華大学美術学部卒業。陶芸家・近藤閥氏に師事し、独立。京都で作陶を続け、実力を発揮。数々の賞を受賞する。

店 021 , 086 , 094

推薦店：暮らしのうつわ 花田

# 日高直子《ひだかなおこ》

陶器　磁器

| ジャンル | 染付 |
| --- | --- |
| アイテム | 豆皿・角皿<br>小鉢・蕎麦猪口 |

ユーモラスな三賢人やのびやかな動物の姿。愛らしい絵付けが楽しい日高さんのうつわは暮らしに小さな喜びを加えてくれます。

プロフィール

1972年、神奈川県生まれ。2011年、愛知県窯業高等技術専門校修了。2011年～15年、岐阜県の製陶所に勤務し、2016年、岡山県に移転、個人制作を開始。うつわ作家であり夫の日高伸治氏とともに活動中。

naoco_hidaka

店 008，038，044
074，081，094

推薦店：暮らしのうつわ 花田

# 安齋《あんざい》 新《あらた》・厚子《あつこ》

陶器
磁器

| | |
|---|---|
| ジャンル | 主にロクロ型打ち |
| アイテム | 皿 |

ご夫婦で作り出す
繊細な「形」。
古今東西様々なものと
柔軟な発想から
生み出される、
シンプルながらも
独自の世界です。

プロフィール

安齋新／1971年、東京都生まれ。1998年、佐賀県立有田窯業大学校轆轤科、本科卒業。
安齋厚子／1974年、京都府京都市生まれ。1996年～99年、寄神宗美氏に師事。2003年、京都市工業試験場専修科卒業。

aaanzai

店 017 , 033 , 035 , 050 , 058
067 , 067 , 091 , 094

推薦店：暮らしのうつわ 花田

# 崔在皓《チェジェホ》

磁器

| ジャンル | アイテム |
| --- | --- |
| 白磁 | 鉢・壺・花器 |

ろくろによって
生み出される
やわらかな「線」を
感じさせる白磁のうつわ。
ときにつややかに
ときにしっとりと、
光によって変わる
質感も魅力的です。

プロフィール

1971年、韓国釜山生まれ。ソウル弘益大学陶芸科卒業。2019年で来日16年目。日本人の焼き物を見る眼差しや姿勢に感銘を受け、日本への移住を決めた。2004年、山口県に移窯し、白磁一筋で活動を行っている。

店 006 , 067 , 079 , 091 , 094

推薦店：暮らしのうつわ 花田

# 山田 隆太郎《やまだりゅうたろう》

陶器

| | |
|---|---|
| ジャンル | 粉引・土彩・鉄彩 |
| アイテム | 皿・鉢<br>椀酒器・花器 |

シンプルながらも
どっしりとした存在感。
土ものならではの
魅力に溢れる
山田さんのうつわは
料理をしっかりと
受け止めてくれます。

プロフィール

1984年、埼玉県生まれ。2007年、多摩美術大学環境デザイン学科修了、2010年、多治見市陶磁器意匠研究所修了。多治見市にて独立。2014年、神奈川県相模原市に工房を移転し活動中。


店 084，094


推薦店：暮らしのうつわ 花田

## 寛白窯《かんはくがま》

# 岸野 寛《きしのかん》

陶器

| | |
|---|---|
| ジャンル | 白磁・焼締め |
| アイテム | 茶碗・酒器<br>壺・花器 |

「使うことで暮らしを
深めてくれるモノを」
と語る岸野寛さん。
古陶と向き合い
真摯な姿勢で
生み出された
やきものの世界です。

プロフィール

1975年、京都府精華町生まれ。京都市立銅駝美術工芸高校陶芸科を卒業。伊賀土楽窯の福森雅武氏に師事。2004年、伊賀市丸柱に寛白窯を開く。

www.ict.ne.jp/~kanhaku

店 005，094，095

推薦店：暮らしのうつわ 花田

# 吉岡《よしおか》 将弐《しょうじ》

陶器

| | |
|---|---|
| ジャンル | 染付 |
| アイテム | 皿・鉢・カップ・猪口 |

確かな技術に
裏付けされた
「九谷ブルー」。
吉岡さんの
鍛えられた才能が
古伊万里文様を
今様に甦らせます。

プロフィール

1994年、石川県九谷焼技術研修所を卒業し、妙泉陶房に勤務。山本長左氏に師事し染付を学ぶ。2002年、九谷青窯に勤務。2008年 独立し創作活動に励む。

twitter.com/00661133yy

店 094

推薦店：暮らしのうつわ 花田

## 岩舘《いわだて》 隆《たかし》・巧《たくみ》

漆器

| ジャンル | 浄法寺塗 |
| --- | --- |
| アイテム | 椀 |

国産漆の「浄法寺塗」を
牽引してきた岩舘家。
岩手県二戸市で三代続く
漆一家です。
ハレの日だけでなく
実は日常生活で
長く使えるのが
漆の魅力です。

プロフィール

岩舘 隆／岩手県二戸在住。塗師、浄法寺塗りの伝統工芸士で、浄法寺塗り復活のため尽力した。
岩舘 巧／三代目である息子の巧さんも21歳から修行をはじめ、現在塗り師として活躍中。

店 094

推薦店：暮らしのうつわ 花田

# 富山 孝一《とみやまこういち》

木工
漆器

ジャンル　木工
アイテム　盆・折敷・うつわ

現代的でありながらも
侘び寂びを感じさせる
富山さんの木の道具。
素材に逆らわず
誠実に向き合い
味わいのある作品を
作り出します。

www.tomiyamakoichi.com
koichi_tomiyama
店 **009 , 020 , 033 , 057 , 094**
推薦店：暮らしのうつわ 花田

プロフィール
木工作家。神奈川県横浜市青葉区にて活動中。

## 硝子工房《がらすこうぼう》 風花《かざはな》

# 中山 孝志《なかやまたかし》

ガラス

| | |
|---|---|
| ジャンル | 吹きガラス |
| アイテム | グラス・カップ・タンブラー |

とろけるような風合いと
手になじむ
シンプルなフォルム。
あたたかみと洗練が共存する
中山さんのグラスは
暮らしを一段
格上げしてくれます。

プロフィール

1965年、京都生まれ。中島九州男氏に師事。1995年、岡山にて硝子工房「風花」始める。「使いやすいもの、飽きのこないもの」を作ることを心がけている。

**店 094**

推薦店：暮らしのうつわ 花田

三窯《さんがま》

# 阿部《あべ》 春弥《はるや》

磁器

ジャンル
陽刻・面取り・しのぎ

アイテム
皿・鉢・椀
マグ・箸置き

陽刻や、丁寧に施された面取り亀甲文。華やかな輪花皿。ユーモラスな箸置きも楽しい阿部さんのうつわ。

プロフィール

1982年 長野県上田市生まれ。愛知県立窯業高等技術学校を終了後、備前陶芸家、山本出氏に師事。2004年、若干20代で長野県上田市にて築窯、独立。

abe_haruya

店 034 , 039 , 058 , 072 , 094

推薦店：暮らしのうつわ 花田

三窯
阿部春弥

# 稲村《いなむら》 真耶《まや》

磁器

| | |
|---|---|
| ジャンル | 白磁・染付・瑠璃釉 |
| アイテム | 皿・鉢・マグ・ポット |

「料理を盛り付けたとき
一番美しく見えるように」
と話す稲村さん。
暮らしにそっと寄り添う
やさしい青の染付が
魅力です。

プロフィール

1984年、愛知県常滑市生まれ。愛知県立瀬戸窯業高等学校陶芸専攻科を修了後、藤塚光男氏に師事。4年間の修行を経て、2009年、京都鳴滝にて開窯。2010年 比叡山坂本に築窯。現在は滋賀県大津市比叡山の麓にて作陶中。

inamura-maya.com

inamuramaya

店 **047 , 055 , 060 , 070 , 094**

推薦店：暮らしのうつわ 花田

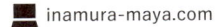

 稲村真耶

# 岡田《おかだ》 直人《なおと》

陶器
半磁器

| ジャンル | 白釉 |
| --- | --- |
| アイテム | リム皿・ポット ボウル・カップ |

ヨーロッパアンティークを
思わせる
岡田さんの白いうつわ。
洗練されたフォルムは、
和洋中どんな料理も
魅力的に仕上げます。

プロフィール

1971年、愛媛県松山市生まれ。石川県の九谷青窯で10年働いたのち、2004年に石川県小松市に工房を構える。2014年、現在の地に工房を移転。「素材を生かした無駄のないシンプルな物づくり」を心がけている。

naoto416

店 094

推薦店：暮らしのうつわ 花田

岡田直人

向山窯《こざんがま》櫻越《さくらごえ》工房《こうぼう》

## 増渕《ますぶち》 篤宥《とくひろ》

陶器

ジャンル：釉象嵌(ゆうぞうがん)トクサ紋

アイテム：皿・鉢・蓋物・急須

手のひらにのる
小さなカップに施された
繊細で優美な細工。
増渕さんの技巧で
生み出されるうつわは
宝物のような
存在感を放ちます。

プロフィール

1970年、茨城県笠間市生まれ。1988〜90年、東京デザイナー学院、1990〜92年、愛知県立瀬戸窯業高等技術専門校にて学ぶ。瀬戸 喜多窯霞仙陶苑、笠間 笠間焼窯元向山窯、宮崎県 綾 照葉窯を経て、2005年 宮崎県北諸県郡高崎町にて独立。2010年、宮崎県小林市に移転。

facebook.com/kzg.sakuragoe

kzg.sakuragoe_tokuhiro / sakurakoeru

店 094 ほか

推薦店：暮らしのうつわ 花田

203 向山窯櫻越工房
増渕篤宥

# 西山 芳浩《にしやまよしひろ》

ガラス

ジャンル　型吹き

アイテム　グラス・鉢・瓶・ピッチャー

ゆらぐ 光と影。
あたたかさと
涼しげなガラスの
雰囲気を併せ持つ
西山さんの
ガラスワールド。

プロフィール

1979年、愛媛県生まれ。1997年、ザ・グラススタジオ・イン函館 スタッフ、1998年、SUWAガラスの里 スタッフ、2001年、播磨ガラス工房 インストラクター、2004年、金沢卯辰山工芸工房の研修生、2007年、金沢牧山ガラス工房のスタッフとなる。

**店 004 , 037 , 039 , 056 , 094**

推薦店：暮らしのうつわ 花田

## GORILLA《ゴリラ》 GLASS《グラス》 GARAGE《ガラージ》

# 生島《いくしま》 明水《はるみ》

ガラス

| ジャンル | 吹きガラス |
| --- | --- |
| アイテム | グラス・カップ・花器 |

花が咲いたように
カラフルで明るい
生島さんのガラスの仕事。
様々な技法で作られた
個性的なグラスは
ひとつでテーブルを
楽しくしてくれます。

プロフィール

1971年、東京都生まれ。1995年、多摩美術大学ガラスコースを卒業。2001年、西伊豆にてガラス工房 GORILLA GLASS GARAGE を設立。吹きガラスをベースに様々な技法を駆使したうつわ作りを行う。

**店 036 , 094 , 096 , 097**

推薦店：暮らしのうつわ 花田

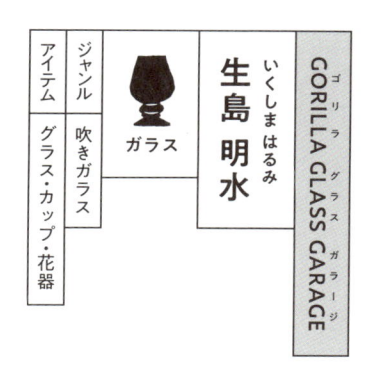

花月窯《かげつよう》

# 宮岡 麻衣子《みやおかまいこ》

磁器

| | |
|---|---|
| ジャンル | 染付・白磁 瑠璃釉 |
| アイテム | 皿・鉢・猪口 |

初期伊万里に軸足を
置きながらも
現代的な愛らしさのある
宮岡さんのうつわ。
植物や文様の美しさと
料理とのバランスを
楽しみたいもの。

プロフィール

1974年、横浜市生まれ。武蔵野美術大学油絵学科卒業。愛知県窯業高等技術専門学校を経て、2004年、東京都青梅市にて花月窯築窯。初期伊万里の味わい深さに惹かれ、その魅力を表現したいと思い、染付、白磁、瑠璃釉などのうつわを制作している。

kagetsuyou.com

kagetsuyou

店 039 , 084 , 094 , 095

推薦店：暮らしのうつわ 花田

# 古賀《こが》 雄二郎《ゆうじろう》

陶器

| ジャンル | アイテム |
| --- | --- |
| 粉引・刷毛目<br>焼締・灰釉 | 皿・鉢 |

気取らない雰囲気
それでいて使いやすく
料理映えする
古賀さんのうつわ。
優しい色合いは
他のうつわとの相性も○。

プロフィール

1964年、神奈川県生まれ。1982年、東京造形大学を退学し、松岡哲氏に師事。1985年、瀬戸窯業訓練校を卒業し、1989年、瀬戸市湯之根町に開窯。現在は愛知県新城市にて活動中。

店 094

推薦店：暮らしのうつわ 花田

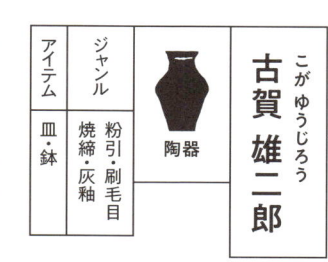

Mercury《マーキュリー》 Studio《スタジオ》

## 大庭一仁
## Kazu Oba

陶器
磁器

| | |
|---|---|
| ジャンル | 塩釉・焼締・粉引 |
| アイテム | 皿・鉢・湯呑・カップ<br>ピッチャー・花器 |

アメリカで活躍する
KAZU OBAさん。
自由でおおらか
スケールの大きな
スタイルが魅力です。

プロフィール

1971年、兵庫県神戸市生まれ。17歳にて渡米後、Jerry Wingren氏に4年間師事。その後、唐津にて中里隆氏に2年間師事。2004年アメリカ、コロラド州にて独立。コロラドのスタジオを拠点に世界各地で作陶活動に励む。

www.kazuoba.com
kazu_oba
店 002 , 012 , 080 , 085 , 088
094 , 097

推薦店：暮らしのうつわ 花田

# 清水なお子《しみずなおこ》

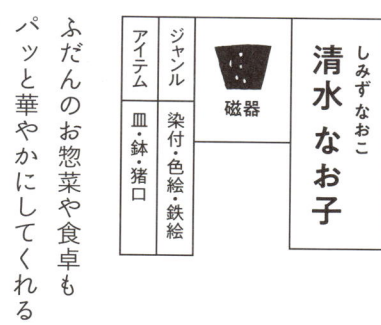

磁器

ジャンル　染付・色絵・鉄絵

アイテム　皿・鉢・猪口

ふだんのお惣菜や食卓も
パッと華やかにしてくれる
清水さんのうつわ。
クラシックな上品さと
やわらかな可愛さを
あわせもつ
色絵や染付が魅力です。

プロフィール

1974年、大阪府生まれ。1997年に京都精華大学美術学部 造形学科 陶芸専攻を卒業し、藤塚光男氏に師事する。2000年、京都の亀岡にて夫の土井善男氏とともに独立。

naoko.shimizu.doi

店 025 , 039 , 073 , 084

推薦店：うつわ ももふく

# 古川 桜《ふるかわさくら》

磁器

| ジャンル | 染付・色絵 |
|---|---|
| アイテム | 皿・鉢・椀 |

のびやかな筆致で
描かれる
カラフルな色絵に
おおらかな染付。
毎日の食事を
わくわく楽しく
してくれること
請け合いです。

プロフィール

1980年、奈良県生まれ。2004年に京都教育大学を卒業。2006年には多治見市陶磁器意匠研究所を卒業し、現在は奈良県にて、父である古川章蔵氏とともに作陶している。

utautable.exblog.jp

utau_shokutaku

店 031 , 073 , 084

推薦店：うつわ ももふく

# うつわ選びが楽しくなる基礎知識

## その二

### うつわをより深く知りたくなったら

毎日のうつわを楽しむうちに、「これってそもそもどこから来たもの？」「この材質ってどう生まれたの？」そんな風に歴史や伝統に興味がわいてきたら、知っておくと楽しいエピソードをまとめました。深く知ることで、手元のうつわに、より愛着を持てるようになるかもしれません。

監修：P212～P221
「暮らしのうつわ 花田」
店主 松井英輔さん

# 日本のうつわの歴史

## 土ものから始まった日本のうつわ

日本では、古来から皿や壺など土のうつわが作られてきました。8世紀には、中国や朝鮮半島の影響を受け、色鮮やかな緑釉や、唐三彩を真似て緑・茶・白の釉薬をかけた「奈良三彩」が登場。9世紀には灰釉を使った陶器が作られるようになり、現在の愛知県を中心に広まっていきました。

# 六古窯が生まれた中世

平安時代末から室町時代にかけ、六古窯とその周辺を中心に、釉薬をかけずに高温で焼き、堅く耐水性に優れた焼き締めなど多くの焼物が作られるようになりました。

続いて、鎌倉・室町時代頃から、特権階級の間では中国渡来の「唐物」が珍重されるように。桃山時代にかけては、良質な陶土が採れる瀬戸や美濃で、釉薬をかける中国伝来の技法を用いながらも、日本ならではのうつわも作られました。

室町時代後期には、「茶の湯」から「わび」「さび」という日本独自の美意識が生まれ、文化が育まれていきました。

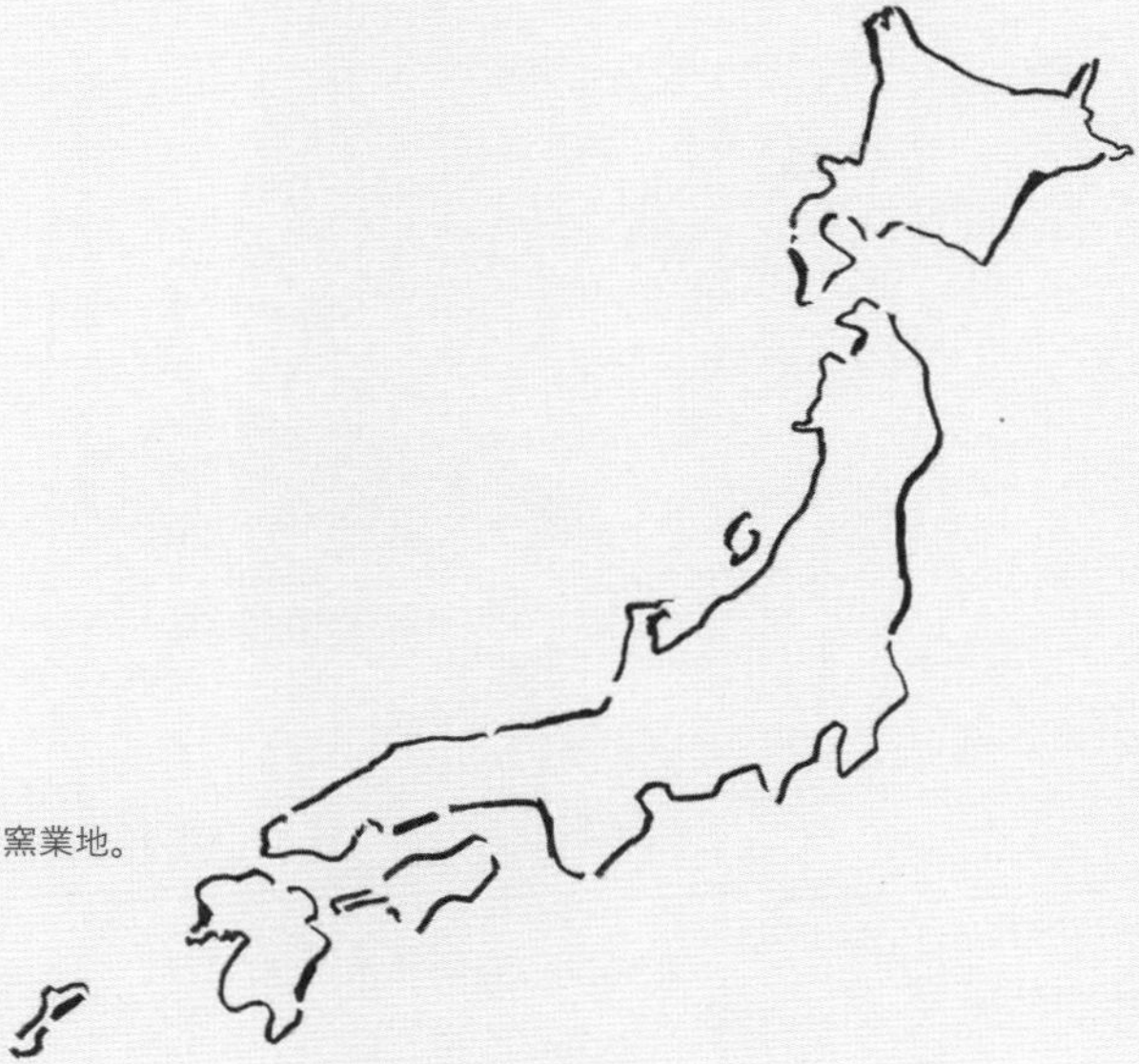

## 六古窯

中世から今日まで続く、伝統的な窯業地。

瀬戸（せと・愛知県瀬戸市）
常滑（とこなめ・愛知県常滑市）
備前（びぜん・岡山県備前市）
丹波（たんば・兵庫県丹波篠山市）
信楽（しがらき・滋賀県甲賀市信楽町）
越前（えちぜん・福井県越前町）

# 大名が産地を広めた安土桃山時代

織田信長や豊臣秀吉が、家臣への恩賞としてうつわを与えた安土桃山時代。戦国武将たちは、茶道に出会い夢中になりました。備前や信楽では、茶人の目に叶う土ものの茶入れや花入れなどが作られ、京都では「わび茶」の精神性を体現した樂（らく）茶碗が作られました。

朝鮮出兵を機に、かの地から陶工を連れ帰った戦国大名たちは、競うように領地に窯を開きます。こうして鹿児島県の薩摩焼や福岡県の上野（あがの）焼、山口県の萩焼など、新たな産地が増えて行きました。また、美濃を中心とした岐阜県では、深い緑色が印象的な織部（おりべ）をはじめ、黄瀬戸（きぜと）・瀬戸黒（せとぐろ）・志野（しの）など、魅力的なジャンルが生まれています。

## 庶民にも陶磁器が広まった江戸時代

江戸時代に入ると、佐賀県・有田を中心に、磁器が作られるようになりました。中国から染付・色絵技術も吸収しながら発展を遂げ、17世紀後半には「オランダ東インド会社」を通してヨーロッパへ輸出されるようになります。伊万里の港から輸出したため「伊万里焼」と呼ばれるように。また同じ佐賀県の鍋島藩では、徳川将軍家への献上品として染付・青磁・色絵を駆使した鍋島焼が作られました。

こうした輸出用磁器や高級磁器が広がる一方、「くらわんか」と呼ばれる庶民のための陶磁器なども大量生産され始めます。大名や裕福な商人のものだった陶磁器が、庶民の暮らしに広く普及するようになったのが江戸時代です。

## 作り手の存在が身近になった現代

うつわは、作り手、使い手に加え、「目利き」の存在も際立つ文化。古くは千利休のようなカリスマ的存在が、その価値を見定めてきた歴史があります。現代では民藝を見出した哲学者の柳宗悦(やなぎ　むねよし)氏、美術評論家の青山二郎氏、随筆家の白洲正子(しらす　まさこ)氏などの名前が聞かれます。こうした見識の深い人たちに憧れ、彼らが認めた作品を雑誌で知り、ギャラリーで実際に手にする…という流れが一般的でした。

# 憧れから共感へ

こうした目利きやギャラリーに加え、現代はインターネットやソーシャルネットワークが大きな情報源となっています。InstagramやFacebookを使って個人で情報発信する作家も多く、作家名と作風が結びつきやすくなりました。憧れの存在からより身近な存在へ。使い手と作り手の距離が、かつてないほど縮まりました。

また最近では、伝統的な陶器市に加え、クラフトマーケットや手作り市など、作家や作品に直接触れる機会も増えました。価値感や美意識も多彩になってきたのではないでしょうか。誰もが自分らしいものを、自由に選べるようになったのです。

# うつわ豆知識アレコレ

パーティ用に大皿が欲しいのですが…

この技法に名前はありますか？

この作家さんの別の作品はありますか？

このお皿、どんなお料理が映えますか？

プレゼント用でおすすめはありますか？

この作家さんはどんな方ですか？

## ギャラリーを楽しむコツ

たくさんあるうつわのギャラリーや取扱店。訪ねるときに、「買わなくていいのかな?」「どんな話をしたらよいのかな?」と躊躇してしまうことはありませんか?

「好きなもの探しを楽しんで。買わなくても大丈夫。しばらく見ていると、目が慣れてきて、いろいろなものが見えてきます。慌てず、ゆっくりとお店で過ごしましょう」と、暮らしのうつわ 花田・店主の松井さん。

またギャラリーでお店の人と会話ができると、うつわ選びももっともっと楽しくなります。たとえば、上記のような質問はどうでしょうか?

# 選ぶことで伝統を守る国産漆を知っていますか？

日本の伝統工芸である「漆」。最近人気の金継でも使われたりと、身近なものになってきましたが、実際どのようなものかご存知ですか？漆は、ウルシ科の木の樹液で、長い年月をかけて、少しずつ採取する貴重なもの。国内で使われる漆の97％は輸入品で、国産漆はたった３％しかありません。その貴重な国産漆の生産地、岩手県、二戸市の浄法寺町では、戦後、輸入漆や合成樹脂が入手しやすくなったことで、一時期、生産が途絶えそうになったこともありました。しかし漆掻き師の岩舘正二氏、その息子で塗師の隆氏（Ｐ１９３参照）らの尽力で、浄法寺塗の伝統は守られたのです。

日本の伝統工芸が現実に成立しているのは、私たち一般人の暮らしにもなじんでいるから。私たちが選び、使い続けることも、伝統と産地を守る輪の一部として、一助となっています。

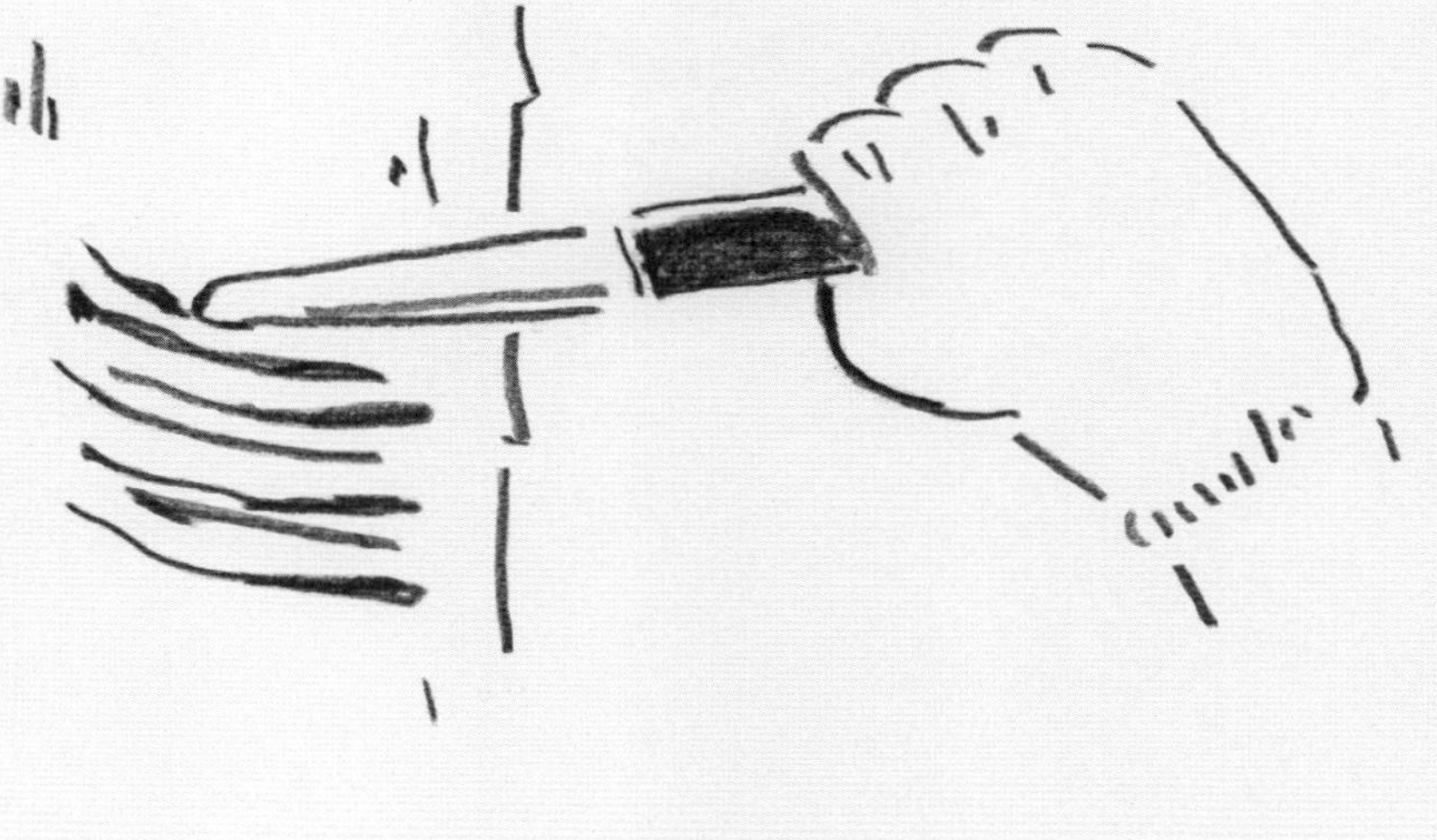

# 知っておきたいお手入れ

うつわと長く付き合うためにお手入れ方法を覚えておきましょう。基本的に、電子レンジと食洗器は避けましょう。また買ってきたばかりのうつわは、使う前にひと手間をかけて。

## 使う前に

### 土鍋

すぐに洗わずに、まず「目止め」をします。布巾で軽くふき、お米や小麦粉を入れたら、7～8分目ぐらいの水を張り火にかけます。全体がのり状になったら火を止め、一晩置きましょう。

### 陶磁器

水やお米のとぎ汁に20分ほどつけてから乾燥させます。うつわに色や匂いが染み込むのを防ぎます。

# お手入れ方法

## 陶器

素地にたくさんの細かい穴があり、水分が入るとカビが生えることも。料理を盛り付ける前に水にさらして水分をふくませておくと、水が料理の油分や匂いから守ってくれます。使用後は、よく乾かしましょう。

## 色絵・金彩

洗うときに強くこすると上絵がはがれ落ちてしまうことがあるので、スポンジでやさしく洗うようにしましょう。

## 焼き締め

タワシで洗うと、使ううちに表面が滑らかになって、風合いが変わっていきます。

## 土鍋

空焚きを避けましょう。温まりやすく、冷めにくい性質なので、調理するときは弱火〜中火を心がけると長持ちします。使用後は、冷めてから洗い、長時間水につけたままにしないようにしましょう。

## 漆器

長期間の乾燥が苦手なので、毎日使うのが理想的。使用後は、長く水につけずに、早めに洗いましょう。使用後は、ふきんで拭いて、よく乾かします。

# 知っておきたい日本の主な産地MAP

なんとなく知っているような知らないような。〇〇焼ってよく聞くけど、どこで作っているんだったかな?そんな時に役立つ「主な産地MAP」です。

## 東北・関東・中部 地方

01 瀬《せ》戸《と》焼《やき》（愛知県瀬戸市）
02 常滑《とこなめ》焼《やき》（愛知県常滑市）
03 美《み》濃《の》焼《やき》（岐阜県）
04 九《く》谷《たに》焼《やき》（石川県）
05 越前《えちぜん》焼《やき》（福井県）
06 益子《ましこ》焼《やき》（栃木県）
07 笠間《かさま》焼《やき》（茨城県）
08 小《こ》久《く》慈《じ》焼《やき》（岩手県）

## 近畿・中国・四国 地方

⑨ 萩《はぎ》焼《やき》（山口県）

⑩ 石《いわ》見《み》焼《やき》・温《ゆ》泉《の》津《つ》焼《やき》（島根県）

⑪ 出西窯《しゅっさいがま》（島根県）

⑫ 布《ふ》志《じ》名《な》焼《やき》（島根県）

⑬ 因州《いんしゅう》 中《なか》井《い》窯《がま》（鳥取県）

⑭ 備前《びぜん》焼《やき》（岡山県）

⑮ 砥《と》部《べ》焼《やき》（愛媛県）

⑯ 清水《きよみず》焼《やき》（京都府）

⑰ 信楽《しがらき》焼《やき》（滋賀県）

⑱ 丹《たん》波《ば》焼《やき》（兵庫県）

⑲ 伊《い》賀《が》焼《やき》・万《ばん》古《こ》焼《やき》（三重県）

## 沖縄・九州 地方

⑳ 唐《から》津《つ》焼《やき》（佐賀県東部・長崎県北部）

㉑ 波《は》佐《さ》見《み》焼《やき》（長崎県）

㉒ 小鹿田《おんた》焼《やき》（大分県）

㉓ 小石原《こいしはら》焼《やき》（福岡県）

㉔ 有《あり》田《た》焼《やき》（佐賀県）

㉕ 小代《しょうだい》焼《やき》（熊本県）

㉖ 薩《さつ》摩《ま》焼《やき》（鹿児島県）

㉗ やちむん（沖縄県）

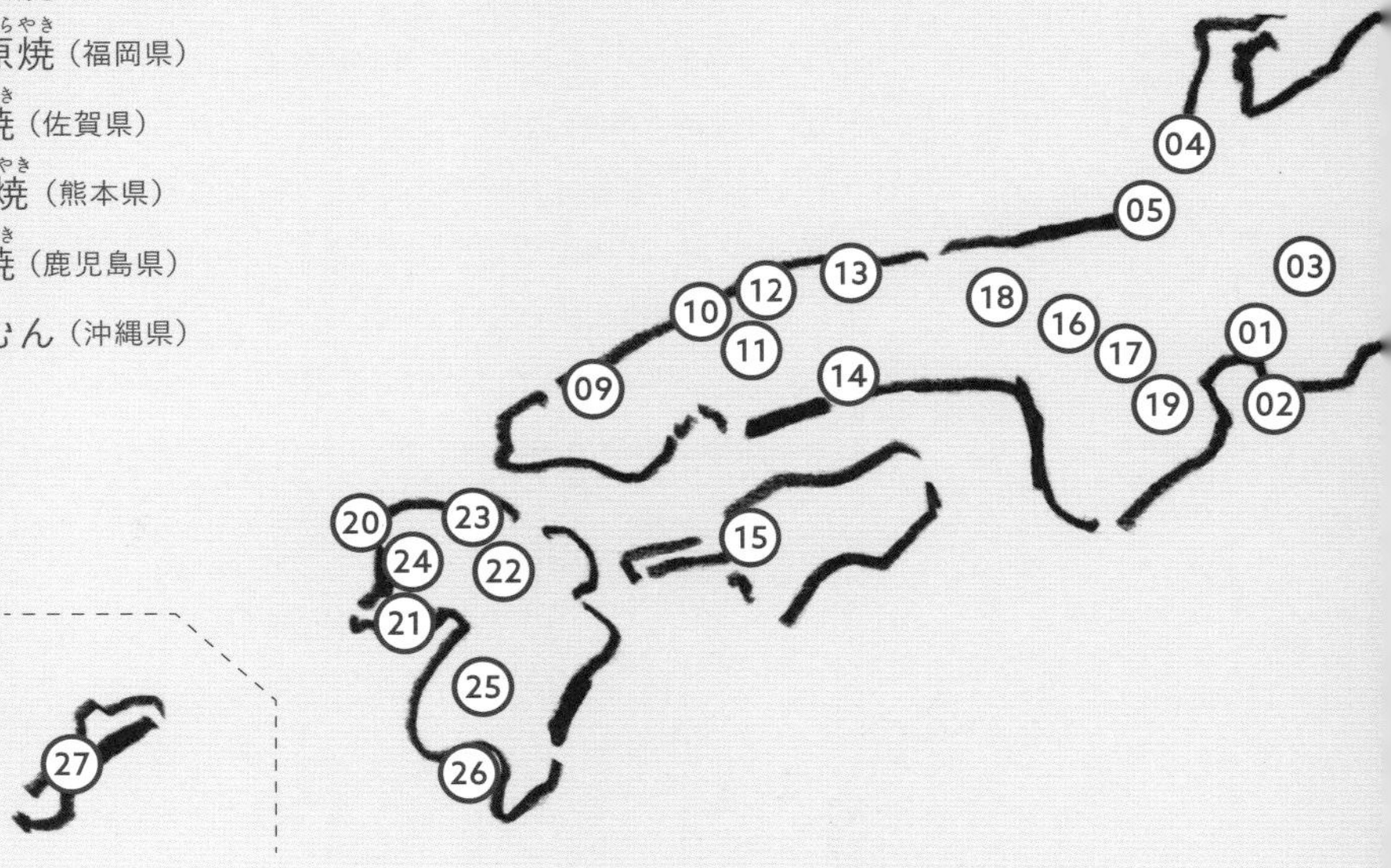

# ご協力いただいたギャラリー

本の制作にご協力をいただいたギャラリーをご紹介します。
いずれも、ギャラリストの確かな目で選ばれた
生活に根ざし、使うほどに愛着がわくうつわたちが、
お求めやすい価格から販売されています。
美意識にあふれた空間ですが、
決して敷居は高くありません。
ぜひ訪れて、お話ししながら、あなたのうつわを探してみて下さい。

## 九段下　暮らしのうつわ 花田

DATA　東京都千代田区九段南 2-2-5　九段ビル 1・2 階
Tel：03-3262-0669 / Fax：03-3264-6544
URL：www.utsuwa-hanada.jp
営業時間　午前 10 時 30 分〜午後 7 時
※祝祭日は、午前 11 時〜午後 6 時 30 分
但し、催事期間中の祝祭日は通常通りの営業
定休日　日曜日　※但し、催事期間中は通常通りの営業

1977年創業。女性誌や専門誌の編集者もアドバイスを求めに通う頼もしい存在。「料理が主役、うつわは脇役」をテーマに、店主・松井英輔さん自ら作家のもとへ足を運び、日々の食卓を楽しく、豊かに彩るうつわを紹介しています。作家との対話を重ねながら、ともに手がけたオリジナルの食器「MOAS」シリーズが評判。2週間ごとに開催される企画展で、季節に合わせたうつわとその使い方を提案しています。

---

## 町田　うつわ ももふく

DATA　東京都町田市原町田 2-10-14-101
Tel：042-727-7607
URL：www.momofuku.jp
営業時間　正午〜午後 7 時
定休日　日・月・祝

住宅や発注家具の設計の仕事を経て、「人の手でつくり出されたものの良さを、多くの人に伝えたい」という思いから、ギャラリーを開いた店主・田辺玲子さん。まるで自宅のように落ち着いた空間で、佇まいの美しい作家もの、和食器を紹介しています。天野志美（あまのしとみ）さんによる金継ぎ教室や、榊麻美さんによる盆栽のワークショップも開催。

## 神楽坂　コハルアン

DATA　東京都新宿区矢来町68 アーバンステージ矢来101
Tel：03-3235-7758
URL：www.room-j.jp
営業時間　正午〜午後7時
※日・祝・展示最終日は〜18:00
定休日　月・火
※祝日の場合は営業

百貨店での仕事を経て、ギャラリーを営む店主・はるやまひろたかさん。自ら全国を旅して探した器や工藝を通し、美しく楽しい日本の手仕事を伝えています。常設室では、ふだん使いを前提とした、表情のあるうつわを紹介。小展示室では、2週間ごとに、はるやまさんならではの趣深い視点で、ときにはアクセサリーやアート作品を交えながら企画展を開催しています。

---

## 吉祥寺　mist ∞（ミスト）

DATA　東京都武蔵野市吉祥寺北町1-1-20 藤野ビル3F
Tel：0422-27-5450
URL：www.misto.jp
営業時間／定休日　展示毎に営業時間・休みが異なるので、随時ご確認ください

2008年にオープンしたmist ∞。店主・小堀紀代美さんは、20年以上の子育ての中で、「体を作る食事の大切さ」を痛感。食べる事を中心に、シンプルかつ健康的な生活を提案しています。長く大切に出来るものを手がける作家さんと、その作品を紹介しています。常設営業はせず、展示毎にガラリと変わるディスプレイも通う楽しみのひとつに。

# 作家アイテム お取扱店 インデックス

［注目作家55名］のお取扱店欄に記載のショップ番号は、
こちらのインデックスをご参照ください。

| | | |
|---|---|---|
| 001 | G+OO - G plus two naughts - | g-plus-mashiko.com |
| 002 | 愉しい食卓　はなやもも | www.fujiya-momo.jp |
| 003 | ataW | ata-w.jp |
| 004 | BLOOM & BRANCH AOYAMA | bloom-branch.jp |
| 005 | うつわや釉 | utsuwayayu.exblog.jp |
| 006 | evam eva yamanashi | evameva-yamanashi.com |
| 007 | フクモリ マーチエキュート神田万世橋店 | fuku-mori.jp/manseibashi |
| 008 | 玄道具店 | gendouguten.com |
| 009 | 観慶丸本店 | kankeimaru.com |
| 010 | 嘉樂土 | karakudo.jp |
| 011 | 木と根 | kitone.jp |
| 012 | KUJIMA | kujima.com |
| 013 | MARKUS | marku-s.net |
| 014 | 器まるかく | marukaku.jp |
| 015 | もえぎ | mashiko-moegi.com |
| 016 | Meetdish | meetdish.com |
| 017 | 夏椿 | natsutsubaki.com |
| 018 | patina | patina-web.com |
| 019 | 工藝 藍學舎 | rangakusha.jp |
| 020 | 魯山 | ro-zan.com |
| 021 | セカンドスパイス | secondspice.com |
| 022 | gallery studio fujino | studiofujino.com |

| | | |
|---|---|---|
| 023 | 趣佳[syuca.jp] | syuca.jp |
| 024 | GALLERY 摘星館 | tekiseikan.com |
| 025 | 宙 sora | tosora.jp |
| 026 | 富山ガラス工房 ショップ | toyama-garasukobo.jp |
| 027 | 富山市ガラス美術館 ミュージアムショップ | www.facebook.com/1723058011318043 |
| 028 | ギャラリー＆カフェ帝 | utsuwa.co |
| 029 | 器と雑貨 asa | utsuwa-asa.net |
| 030 | うつわ楓 | utsuwa-kaede.com |
| 031 | shizen | utsuwa-shizen.com |
| 032 | うつわギャラリー sluck | utsuwasluck.tumblr.com |
| 033 | sumica栖 | utsuwa-sumica.com |
| 034 | 器ギャラリー　うつわ羊 | http://utsuwa-yo.com |
| 035 | うつわ萬器 | utuwa-banki.com |
| 036 | WISE･WISE tools | wisewisetools.com |
| 037 | Analogue Life | www.analoguelife.com |
| 038 | anjico | www.anjico.com |
| 039 | 千鳥 | www.chidori.info |
| 040 | Ekoca | www.ekoca.com |
| 041 | うつわのみせ佳乃や | www.facebook.com/kanoyamashiko |
| 042 | 回廊ギャラリー門 | www.gallery-mon.co.jp |
| 043 | ギャラリーひたむき | www.hitamuki.com |
| 044 | 田園調布いちょう | www.ichou-jp.com |
| 045 | 恵文社 | www.keibunsha-books.com |
| 046 | 暮らしの店 黄魚 | www.kio55.com |
| 047 | Lion pottery | www.lion-pottery.com |
| 048 | Encounter Madu Aoyama | www.madu.jp |
| 049 | 陶庫 | www.mashiko.com/toko |
| 050 | matka | www.matka122.com |

| | | |
|---|---|---|
| 051 | mist∞ | www.misto.jp |
| 052 | せと藤 | www.setofuji.com |
| 053 | galerie arbre | www.shoparbre.com |
| 054 | UTSUWA11 | utsuwa11.sakura.ne.jp |
| 055 | Style hug gallery | www.style-hug.com |
| 056 | ギャラリーYDS | www.takahashitoku.com |
| 057 | 桃居 | www.toukyo.com |
| 058 | 暮らすうつわ とうもん | www.toumon.com |
| 059 | zakka 土の記憶 | www.tutinokioku.com |
| 060 | うつわクウ | www.utsuwa-ku.com |
| 061 | うつわ屋 Living&Tableware | www.utsuwaya.net |
| 062 | ANdo | ando-furniture.com |
| 063 | ROPPONGI HILLS ART&DESIGN STORE | art-view.roppongihills.com/jp/shop |
| 064 | 美観堂 | bikando.jp |
| 065 | 今古今 | conccon.com |
| 066 | 和食器セレクトショップflatto（フラット） | flatto.jp |
| 067 | 銀座 日々 | ginza-nichinichi.co.jp |
| 068 | ハウスグラム（housegram） | kinarino-mall.jp/housegram |
| 069 | コホロ | kohoro.jp |
| 070 | うつわと暮らしの道具 sizuku | sizuku.ocnk.net/phone |
| 071 | TOKYO FANTASTIC | tokyofantastic.jp |
| 072 | 滔々 | toutou-kurashiki.jp |
| 073 | うつわPARTY | utsuwa-party.com |
| 074 | Ach so ne | www.achsone.jp |
| 075 | DEAN & DELUCA 福岡 | www.deandeluca.co.jp |
| 076 | diggin' 代官山 | www.diggin-shop.jp |
| 077 | GEA | www.gea.yamagata.jp |
| 078 | じろや | www.giro-ya.com |

| | | |
|---|---|---|
| 079 | 器や韋駄天 | www.instagram.com/idaten.2003.111 |
| 080 | 器の店 沈丁花 | www.instagram.com/jinchoge_0131 |
| 081 | kahahori | www.instagram.com/kahahori |
| 082 | 日用雑貨・家具 ミンカ | www.instagram.com/minca_micanmark |
| 083 | 無垢里 | mukuri.iinaa.net |
| 084 | うつわ　ももふく | www.momofuku.jp |
| 085 | utsuwa monotsuki | www.monotsuki.com |
| 086 | 工芸店ようび | www.rakuten.ne.jp/gold/yobi |
| 087 | コハルアン | www.room-j.jp |
| 088 | Sara Japanese Pottery | www.saranyc.com |
| 089 | savi no niwa | www.savi-niwa.com |
| 090 | 東京都美術館 ミュージアムショップ | www.tobikan.jp |
| 091 | 季の雲 | www.tokinokumo.com |
| 092 | unum | www.unum.company |
| 093 | うつわ大福 | www.utsuwa-daifuku.net |
| 094 | 暮らしのうつわ 花田 | www.utsuwa-hanada.jp |
| 095 | 京都 やまほん | www.yamahon.co |
| 096 | CRAFTS&ARTS SHOP iri | iri-mishima.com |
| 097 | Entoten | www.entoten.com |
| 098 | 若葉屋 | wakabayakyoto.com |
| 099 | ミズタマ舎 | mizutamasha.blog.fc2.com |
| 100 | ヨリフネ | apt207.theshop.jp |
| 101 | グラスギャラリー・カラニス | www.czj.jp/karanis |

●掲載内容は2019年4月現在のものです。

●取扱店はその作家について「継続的な付き合いがある」「今後納品予定がある」「年一回程度、定期的に展示をしている」のいずれかに当てはまる店を掲載しています。

●常設アイテムの有無は店舗によって事情が異なります。あらかじめご了承ください。

### 参考文献

『わかりやすく、くわしい　やきもの入門』仁木正格・著（主婦の友社）

『金継ぎのすすめ　ものを大切にする心』小澤典代・著（誠文堂新光社）

『ニッポンの手仕事』Discover Japan・特別編集（枻出版社）



### 撮影協力

十季舎　www.to-ki-ya.com　　P33,37

ORIGINES CACAO　www.originescacao.jp　　P190

桂月堂　www.keigetsudo.jp　　P189


## お問い合わせ

本書に関するご質問、正誤表については、下記のWebサイトをご参照ください。

正誤表　　　　https://www.shoeisha.co.jp/book/errata/

お問い合わせ　https://www.shoeisha.co.jp/book/qa/

インターネットをご利用でない場合は、
FAXまたは郵便にて、下記までお問い合わせください。


〒160-0006　東京都新宿区舟町5

FAX番号　　　03-5362-3818

宛先　　　　（株）翔泳社 愛読者サービスセンター


電話でのご質問はお受けしておりません。

暮らしの図鑑
# うつわ

楽しむ工夫
×
注目作家55人
×
基礎知識

装丁・デザイン　山城 由（surmometer inc.）
DTP　小林 祐司
イラスト　荒木 美加（surmometer inc.）
撮影　安井 真喜子
（P56～61,174,175,186,189,190,192,193,195,204,205,207）
構成・執筆　鈴木 徳子
編集　古賀 あかね

2019年5月29日　初版第1刷発行
2024年10月10日　初版第3刷発行

編　者　暮らしの図鑑編集部
発行人　佐々木 幹夫
発行所　株式会社 翔泳社（https://www.shoeisha.co.jp）
印刷・製本　TOPPAN 株式会社

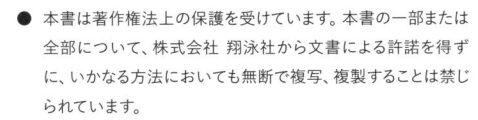


ISBN978-4-7981-5980-5　Printed in Japan.

**読者プレゼント**

本書の刊行を記念して、読者プレゼントをご用意しました。以下のURLよりダウンロードしてご利用ください（要会員登録）。

https://www.shoeisha.co.jp/book/present/9784798159805

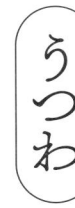